Erwin Grosche

Wie ich mit Gott eine Matratze kaufte

Erwin Grosche

Wie ich mit Gott eine Matratze kaufte

Geschichten von Gott in der Welt

BONIFATIUS

Bibliografische Information der Deutschen Nationalbibliothek
Die Deutsche Nationalbibliothek verzeichnet diese Publikation in der Deutschen Nationalbibliografie; detaillierte bibliografische Daten sind im Internet über http://dnb.ddb.de abrufbar.

FSC
www.fsc.org
MIX
Papier aus verantwortungsvollen Quellen
FSC® C011558

ClimatePartner
klimaneutral gedruckt
Die CO_2-Emissionen dieses Produkts wurden durch CO_2-Emissionszertifikate ausgeglichen.
Zertifikatsnummer:
53323-1607-1030
www.climatepartner.com

Grafik und Gestaltung: Elke Brosch
Titelfoto: Harald Morsch

ISBN 978-3-89710-675-8

Gesamtherstellung:
Bonifatius GmbH Druck · Buch · Verlag Paderborn

Inhalt

Danke an Frank Becker, Claudia Auffenberg, Walter Gödden, Gerhard Rams, Harald Morsch und Ekki für ihre Unterstützung.

1
Vom Klettern auf Bäume

Es war im August, als ich Gott kennenlernte. Ich hatte im REWE einen Zettel aufgehängt: „Gott und die Welt – Lass uns darüber sprechen“ und daran zwölf kleine Abreißzettel mit meiner Telefonnummer getackert. Ich stand gerade vor meiner Kaffeemaschine und sah zu, wie der Kaffee durchlief, als mein Handy klingelte. Natürlich klingelte es nicht, sondern der „Walkürenritt“ von Richard Wagner schreckte mich aus meinen Gedanken. Fast ein wenig ungehalten meldete ich mich mit einem knappen „Ja?“.

„Bin ich da richtig? Ich habe Ihren Aushang gelesen.“

„Sie meinen ‚Gott und die Welt‘?“

Am anderen Ende war es so lange still, dass ich mir den inzwischen durchgelaufenen Kaffee in die Tasse schütten konnte.

„Ja“, sagte die sanfte Stimme, „‚Gott und die Welt‘. Ist das noch aktuell?“

Ich nahm einen Schluck Kaffee und schaute auf die Zeitung. Im August schienen sich alle zu langweilen. Die „Saure-Gurken-Zeit“ drängelte sich in den Lokalteil.

„Kinder klettern nicht mehr auf Bäume", murmelte ich.

„Was meinen Sie?", fragte die Stimme.

Ich versuchte ein Gähnen zu unterdrücken, welches mir nur halbwegs gelang.

„Entschuldigen Sie", sagte ich. „Ich bin noch nicht ganz wach."

„Warum sind sie noch nicht wach?"

Ich wollte nicht von meinen Schlafstörungen erzählen.

„Ich habe nur in der Zeitung gelesen, dass Kinder nicht mehr auf Bäume klettern."

Es trat wieder dieses sonderbare Schweigen ein, als hätte ich etwas Wichtiges gesagt, über das man erst nachdenken musste.

„Kinder klettern nicht mehr auf Bäume", wiederholte die Stimme. „Vielleicht wissen sie nicht, dass man so zum Himmel kommt."

Ich lachte. Ich war nicht überrascht, dass mein Aushang besonders die komischen Vögel anlocken würde. Ich hatte gestern von einer Frau geträumt, die in viel zu großen Schuhen durch die Stadt stöckelte. Heute sah ich einen Mann in einem Restaurant, der so lange daran glaubte, dass kein Salz aus dem Salzstreuer kam, bis seine Suppe versalzen war. Alle waren auf dem Weg zu mir.

„Die Anfrage ist noch aktuell", sagte ich. „Ich suche einen Gesprächskreis, in dem man ungezwungen über Gott und die Welt reden kann."

„Ich bin dabei."

„Das ist schon mal ein Anfang", sagte ich. „In Wahrheit sind Sie bisher der Einzige, der sich gemeldet hat. Sonst hat noch niemand sein Interesse bekundet."

Bevor der Anrufer den nächsten Satz aussprechen konnte, ahnte ich schon, dass er ihn sagen würde.

„Vielleicht wissen sie nicht, dass man so zum Himmel kommt."

Ich war als Kind gerne auf Bäume geklettert. Es reizte mich, immer einen Schritt weiter zu gehen, als ich mich eigentlich traute. Komischerweise hatte ich mehr Angst, wieder den Baum herunterzuklettern. Warum konnte man nur mit Mut den Himmel erreichen, und warum durfte man dort nicht bleiben?

„Die Kinder haben heutzutage Angst, dass ihnen beim Bäumeklettern das Smartphone aus der Tasche fällt", sagte ich.

Hinter mir lachte jemand. Meine Mitbewohnerin Bärbel saß in der Küche und spielte mit ihren Katzen. Ich hatte sie gar nicht bemerkt. Sie musste die Nacht auf dem Sofa verbracht haben. Ich ignorierte sie einfach, was manchmal das Beste war, wenn man keine schlechte Laune bekommen wollte.

„Ich glaube nicht", entgegnete die Stimme am Handy. „Wir brauchen nur mehr Vertrauen."

Ich schaute auf die Küchenuhr. Es war noch keine 8.00 Uhr. Kein Wunder, dass ich so lange brauchte, bis unser Gespräch zu mir durchdrang. Wer rief denn so früh an?

„Dann bleibt es dabei?", fragte ich ungeduldig.

„Ich freue mich", sagte die Stimme. „Lassen Sie uns über Gott und die Welt reden. Vielleicht erfahre ich dadurch mehr über mich."

Ich blickte aus dem Fenster. Die Sonne schien. Nach dem Regen in der Nacht glänzten Baum, Strauch und Wiese.

„Am besten treffen wir uns im Domcafé", sagte ich. „Morgen habe ich Zeit. 15.00 Uhr ist Kaffeezeit, da kann man sich gut unterhalten und Kuchen essen."

„Mir soll es recht sein. 15.00 Uhr passt gut."

„Wie erkenne ich Sie?", fragte ich und kam mir vor wie in einem Agentenfilm.

„Sie werden mich schon erkennen."

Wollte er singend das Café betreten? Hockte dann ein Hase auf seiner Schulter? Trug er eine Schützenuniform? Ich war skeptisch. Was wusste ich schon über meinen Gesprächspartner. Ich hatte nichts in der Hand. Hinter mir stand Bärbel auf und trug ihre beiden Katzen aus der Küche, als wäre das, was nun beredet wurde, nicht für Katzenohren bestimmt. Ich räusperte mich.

„Wenn ich Sie noch nach Ihrem Namen fragen dürfte?"

„Gott", sagte die Stimme.

„Gott?", wiederholte ich, als hätte ich ihn nicht verstanden. „Gott wie Gott?"

„Genau", hörte ich. „Gott wie Gott. Ganz einfach."

Ich war sprachlos. Da wollte mich doch jemand auf den Arm nehmen? Ich schüttelte den Kopf und vergaß, was ich fragen wollte.

„Sie wollen mich doch kennenlernen", sagte die Stimme. „Sie bekommen Infos aus erster Hand. Lassen Sie uns über Gott und die Welt reden."

Ich nickte. So begannen meine Geschichten mit Gott.

2

Der erste Eindruck

Ich saß im Domcafé und war gespannt, ob ich Gott erkennen würde. Umgab ihn ein Heiligenschein? Natürlich kannte ich all die Darstellungen, mit denen sich Menschen ein Bild von ihm machten. Man kam einfach nicht an Gott vorbei. Dachte ich nicht sogar beim Aufgehen der Sonne an ihn? Spürte ich nicht seine Gegenwart, wenn das Licht sich durch die Bäume brach? Sah ich nicht sein Bild vor mir, wenn ich einsam war und voller Furcht? Was sollte ich nur machen, wenn mir Gott nicht sympathisch war? Wie würde ich reagieren, wenn Gott so aussah wie mein Nachbar, Herr Möllmann?

Ich schaute auf die Uhr. Gott war zu spät. Was war denn das? Sollte die Welt ursprünglich in fünf Tagen erschaffen werden? Unpünktlichkeit konnte ich nicht ertragen. Auf einen ersten guten Eindruck schien Gott nicht viel Wert zu legen. Ich fragte mich sofort, ob ich ihm das richtige Café genannt hatte. Vielleicht saß Gott im Café Röhren und wartete dort, am Fenster sitzend, auf mich. Ich schaute mich um. War Gott schon hier und ich hatte ihn nur noch nicht erkannt?

Das Domcafé war wie immer gut gefüllt. Sogar im hinteren, abgetrennten Teil saß eine Reisegruppe und wollte es sich bei Kaffee und Kuchen gemütlich machen. Die Geräuschkulisse klang aufgeregt und übermütig, so überbrückte man die Zeit, bis endlich der Kuchen kam. Ein Verliebter mit Blumen kam herein und setzte sich zu der Frau, die direkt neben der Kuchentheke saß. Sie küssten sich. Theoretisch konnten alle Gott sein, außer vielleicht dem Mann, der gerade seinen Kaffee anmahnte. Ich hoffte, dass Gott mit der Welt ein wenig geduldiger war.

Einen Tisch weiter saß Herr Zielitz, der immer dort saß und von dem man nicht wusste, was er machte, außer dass er immer in diesem Café saß und Zeitung las. Er hatte früher mal Zigarren geraucht. Das fehlte mir. Es sollte Ausnahmen geben. Meinetwegen sollten alle in diesem Café das Rauchverbot einhalten müssen, aber nicht Herr Zielitz. Er sah ohne seine Zigarre gar nicht wie Herr Zielitz aus. Wir nickten uns zu. Ich stellte mir gerade vor, dass ich in einem großen Kaufhaus unterwegs wäre und auf Gott warten müsste, dann könnte ich ihn ausrufen lassen. „Gott, bitte an der Information melden!"

„Entschuldigen Sie meine Verspätung", sagte plötzlich eine Stimme. „Ich wurde aufgehalten."

Ich blickte auf. Vor mir stand Gott. Gott, trug einen Trainingsanzug und lachte mich an. So sah Gott aus. Ich erkannte mich in ihm wieder. Wie hatte ich nur zweifeln können. Alles war so einfach. Gott kam durch die Tür eines Cafés und ließ alle Wunder aus, außer dass er lächelte. Er setzte sich zu mir und reichte mir die Hand. „Gott", stellte sich Gott vor. „Ich weiß", sagte ich und wunderte mich, dass ich mich nicht unter dem Tisch verstecken wollte.

„Der erste Eindruck kann sehr wichtig sein", sagte ich. „Ich hoffe, ich habe Sie nicht enttäuscht."

Gott griff nach der Speisekarte und blätterte darin.

„Ich hatte mal eine Freundin, da war der erste Eindruck nicht so gut", sagte ich. „Und trotzdem waren wir drei Jahre zusammen. Das geht auch, aber es war halt nicht so schön. Außer wenn man Ärger mag."

Was redete ich denn da? So banales Zeug interessierte Gott sicher gar nicht.

„Kennen Sie das Tages-Du?", fragte Gott plötzlich. „Man erzählte mir, dass Golfspieler es nutzen. Man duzt sich an dem Tag, wo man miteinander Golf spielt, und ansonsten bleibt man beim ‚Sie'."

Schlug mir Gott gerade vor, dass wir uns duzten? Natürlich duzte ich Gott, wenn ich zu ihm betete, aber wenn er einem so leibhaftig gegenübersaß, war die Annäherung doch etwas gewagter.

„Meine Mutter", stammelte ich, „fährt sogar mit ihrem Auto, bevor sie es in die Werkstatt bringt, durch die Waschstraße, damit die sensiblen Jungs beim Reifenaufziehen einen guten Eindruck von dem Auto kriegen. Ist das nicht rührend?"

Gott ließ mich reden.

„Ich habe dann zu ihr gesagt: Das ist genauso, als wenn man eine wichtige Operation vor sich hat und geht vorher noch mal zum Friseur."

„Und dann sagt der Arzt, dass der Gesundheitszustand leider bedenklich ist, aber der Friseur sei klasse", schloss Gott meinen Monolog ab.

Ich lachte erleichtert. Gott hatte Humor, nun verstand ich einiges auf der Erde besser.

„Ich heiße Gregor“, sagte ich und gab Gott die Hand.

„Gott“, sagte Gott. „Nenn mich einfach Gott.“

Ich konnte es kaum glauben. Ich befand mich im Tages-Du mit Gott. Welch ein Fortschritt. Mein erster Eindruck muss gut gewesen sein.

„Woher haben Sie denn ...“, ich verbesserte mich. „Ich meine natürlich: Woher hast du denn diesen Trainingsanzug?“

Gott zeigte mir stolz die Streifen auf Hose und Jacke.

„Ich erinnere mich gerade daran, was die Menschen für einen ersten Eindruck hinterlassen, wenn sie auf die Welt kommen“, sagte Gott.

Ich nickte zustimmend, ohne genau zu wissen, auf was Gott hinauswollte.

„Wir sehen so zerknittert aus. Wir weinen, sind hungrig, können alleine keinen Schritt machen“, sagte ich.

Die Bedienung stand an unserem Tisch: „Kann ich Ihnen behilflich sein?“

„Ja“, sagte ich. „Bringen sie mir und ... meinem Gast einen Kaffee? Danke.“

„So ist es“, nahm Gott den Faden wieder auf. „Die Babys brauchen jemanden, der ihnen hilft, auf die Beine zu kommen. Alleine könnten sie das Leben nicht meistern.“

Ich putzte mir die Nase.

„Und wie komisch wir aussehen. Manche Babys haben gar keine Haare, andere sehen aus wie Hippies. Wie klein, zart und hilflos wir sind.“

Gott nickte.

„Und trotzdem werden wir geliebt“, sagte Gott. „Und weißt du, warum?“

Ich dachte nach.

„Weil wir Verwandtschaft sind?"

„Ja, wir sind alle miteinander verwandt."

Gott nickte.

„Wir helfen allen, die in Not sind", sagte Gott. „Wir rücken zusammen, wenn jemand Platz braucht. Wir geben ab, wenn jemand nichts hat."

Ich trank einen Schluck von meinem Kaffee.

„Wir helfen, weil wir alle miteinander verwandt sind", fasste ich zusammen. „In dieser Stadt sind auf jeden Fall alle miteinander verwandt."

Gott stand auf und umarmte mich. Ich ließ es geschehen, obwohl es mir ein wenig peinlich war.

„Da bin ich aber froh, dass wir alle miteinander verwandt sind", rief Gott aus und schaute sich im Café um. Der Gedanke war so betörend, dass wir uns alle zunickten und geborgen fühlten.

Wir ließen es draußen Abend werden. Als das Domcafé schloss, ging ich mit Gott durch die Stadt. Die Glocken läuteten. In einem Tchibo-Schaufenster entdeckte ich den Trainingsanzug, den Gott trug. Ich fragte mich, wie Gott vorher angezogen war. Vielleicht war der erste Eindruck nur denen wichtig, die schnell einen afrikanischen Elefanten von einem indischen Elefanten unterscheiden mussten. Vor der Franziskanerkirche saß ein Mann in einem Rollstuhl und spielte ein Lied auf der Gitarre. Auch er trug den Trainingsanzug, der im Augenblick so angesagt war. Gerade stimmte er ein Lied an, das ich nicht kannte. Ich sang trotzdem mit. Was hatte ich schon zu befürchten? Ich hatte Gott in meinem Chor.

3

Wie man sich bettet

Gott ist mir schon einer. Ich war überrascht, wie viel Vertrauen er in uns Menschen hatte. Erst stellte sich heraus, dass er keinen Schlafplatz hat und dann, dass ihm das letztendlich egal war. Ich meine, man muss doch einen Platz in der Welt haben, wo man zur Ruhe kommen kann.

„Ich bin müde", sagte Gott. „Ich möchte schlafen."

Zum Glück hatten noch alle Läden auf. Wir brauchten eine Matratze. Gott brauchte eine Matratze. Wir steuerten gleich das nächste *Concord*-Matratzen-Lager an.

„Du hast kein Gästebett?", fragte Gott.

„Heiße ich Hilton?", sagte ich. „Komme ich gelaufen, wenn man ‚Zimmerservice' ruft?"

Gott schien sich ganz auf mich zu verlassen. Ich schüttelte den Kopf. Wie sollte ich das nur Bärbel erklären? Bärbel hieß meine Mitbewohnerin. Wir wohnten zusammen in zweieinhalb kleinen Zimmern, die nur durch einen langen Flur getrennt waren. Eigentlich wohnte Bärbel gar nicht mehr dort, aber sie hatte es noch nicht geschafft auszuziehen, und so improvisierten wir ein wenig und spielten WG.

„Ich wohne in einer WG“, sagte ich.

„WG?“, fragte Gott hoffnungsvoll. „Du hast einen Wintergarten?“

„Nein“, sagte ich, „WG steht für Wohngemeinschaft.“

Gott klatschte in die Hände, was Gott oft tat, wenn er erfreut war.

„Eine Wohngemeinschaft ist großartig, da seid ihr doch auf Gäste eingerichtet.“

Ich nickte, aber mehr nach dem Motto: Warte ab, bis du Bärbel getroffen hast.

Bärbel hatte Angewohnheiten, die mich nicht nur an schlechten Tagen auf die Palme brachten. Zum Beispiel ließ sie überall ihre Strümpfe liegen. Es war erstaunlich, an welchen Orten ich schon einen Strumpf von ihr gefunden hatte. Wenn sie geduscht hatte, konnte man das Bad nur mit Stiefeln betreten. Morgens rauchte sie bereits und drückte dann die Zigarettenkippen in einem Eierbecher aus. Das machte sie nicht gerade zur Mitbewohnerin des Jahres. Sie nervte mich einfach so sehr, dass ich oft ungerecht zu ihr war, und das nervte mich am meisten.

Wir fuhren zum Frankfurter Weg, wo das Matratzenkaufhaus *Concord* in einer Art Container untergebracht war. Gott konnte unmöglich auf dem Sofa in der Küche schlafen, zumal auf dem die zwei Katzen von Bärbel schliefen und es ihnen sogar als Kratzbaum diente. Bärbel selbst hatte nur ein kleines Zimmerchen am Ende des Flurs, welches mal ein begehbarer Wandschrank gewesen war. Wie gesagt, wir wohnten sehr beengt, zumal Bärbel selbst eine Fabriketage in Nullkommanix mit ihren Klamotten verstopfen würde.

„Mach dir keine Umstände“, sagte Gott. „Ich bin mit allem zufrieden.“

„Das muss in der Familie liegen", sagte ich. „Ein wenig wohnlicher als in einem Stall ist es bei mir schon."

Gott lachte, als er den Witz endlich verstanden hatte. Wir schauten uns um. Gott war begeistert. Er fand Matratzen *Concord* wundervoll. Eine Matratze hatte Gott noch nie gekauft. Freudestrahlend hörte er der Schlafberaterin zu, die uns gleich am Eingang abfing und Gott mit ihrem Lächeln umwarb.

„Die richtige Matratze und das richtige Schlafumfeld sind die wichtigsten Faktoren für einen optimalen Schlaf", säuselte die Verkäuferin. „Durch die Erstellung Ihres ganz persönlichen Schlafprofils sind wir in der Lage, Sie umfassend und kompetent zu beraten."

„Halt", sagte ich. Das ging mir alles viel zu schnell. Gott durfte nicht gleich jedem vertrauen, der uns etwas verkaufen wollte.

„Darf ich etwas zum Schlafumfeld beifügen?", fuhr ich ihr ins Wort. „Über uns wohnt ein Schlagzeuger und unter ihm haben alle wenig Geld."

Die Schlafberaterin schluckte. Ich hatte sie aus dem Konzept gebracht. Aber nur kurz.

„Ich empfehle Ihnen unsere 7-Zonen-Komfortschaum-Matratze Nova Perfect für nur 159,92 Euro."

„Oh Frau *Concord*", schwärmte Gott. „Sie sind perfekt."

Ich schluckte, als ich den Preis der Matratze hörte, zumal ich begriff, dass es sich hierbei um das „Schnäppchen" handelte.

„Ich vertraue Ihnen", sagte Gott zu der Schlafberaterin und klatschte in die Hände. „Die Matratze ist großartig."

Bei meinem Plan, den Preis herunterzuhandeln, sind solche Begeisterungsstürme nicht gerade hilfreich. Gott legte sich seufzend auf die Schlafunterlage.

„7-Zonen-Komfortschaum-Matratze, das muss man sich mal auf der Zunge zergehen lassen“, flüsterte Gott. „Da wird man schon vom Flüstern müde.“

Gott schloss die Augen.

„Wie man sich bettet, so liegt man“, flüsterte ebenfalls die Schlafberaterin.

Ich nickte.

„Können wir noch mal über den Preis reden?“

Die Schlafberaterin schaute auf Gott, der friedlich auf der Matratze lag.

„Wie können Sie nur in so einem Augenblick über Geld reden?“, tadelte sie mich.

„Wenn man keins hat, spricht man immer über Geld.“

Sie überlegte und ließ dabei mit dem Zeigefinger ihre Unterlippe federn wie ein Trampolin.

„Ich kann Ihnen dazu noch dieses Spannbetttuch schenken.“

Sie zeigte auf einen Stoß Spannbetttücher, der direkt neben der Infotheke aufgebaut war. Auf dem Spannbetttuch waren Fußbälle und das Maskottchen der letzten Weltmeisterschaft zu sehen.

„Die Weltmeisterschaft ist doch schon längst vorbei“, sagte ich.

„Ja und“, sagte sie, „Erinnerungen sind immer aktuell.“

Ich staunte. Woher hatte sie nur diese Erkenntnisse?

„Also gut“, sagte ich, „ich kaufe die Matratze, aber nur, wenn im Preis auch die sofortige Anlieferung ist.“

Sie verdrehte die Augen, aber wir hatten Glück. Sie nickte.

„So soll es sein", sagte ich. „Packen Sie die Matratze ein. "

Gott und ich fuhren zu mir. Der Mitarbeiter des Matratzenlagers stellte uns die Matratze an die Hauswand. Zum Glück war die Matratze so biegsam, dass wir sie gut durch das enge Treppenhaus bekamen.

„Heute werde ich schlafen wie ein Murmeltier", flüsterte Gott.

Ich stand unten und trug. Gott ging voran und zog.

„Kann es sein, dass man automatisch leise spricht, wenn man eine Matratze in den Armen hält?", bemühte ich mich bewusst laut zu sprechen.

„Pssst", machte Gott

Ich schloss die Wohnungstür auf.

„Hallo?", rief ich. Wir hatten Glück. Meine Mitbewohnerin Bärbel war nicht zu sehen, nur ihre Katzen schlichen durch die Wohnung und hielten für sie die Augen offen. Als ich mich zu Gott umdrehte, hatte er bereits die Matratze am Fuß meines Bettes abgelegt und bedankte sich für den Tag.

„Wenn man gut betet, dann schläft man auch gut", flüsterte Gott.

Ich gähnte. Matratzen kaufen macht müde. Danach schlief ich so tief, wie schon lange nicht mehr. Ich träumte davon, dass Gott mich besuchen würde.

War das nur ein Traum?

4
Bärbel

Als ich am nächsten Morgen in die Küche kam, saß Bärbel am Frühstückstisch und gähnte. Gott stand vor dem Fenster und prüfte die Blumenerde des Kaktus, der auf unserer Fensterbank stand. Meine Mitbewohnerin sah blass und müde aus. Sie fuhr Taxi und war gerade von ihrer Nachtschicht gekommen.

Bärbel gähnte abermals und ließ einen Teebeutel lustlos im heißen Wasser kreisen. In der anderen Hand hielt sie eine Zigarette, die noch nicht angezündet war. Ihre zwei Katzen turnten auf ihr herum und fauchten mich an. Sie hatte die Katzen Max und Moritz getauft, aber ich nannte sie Coppenrath und Wiese, weil sie so dick waren und gerne Kuchen mampften.

Ich schaute zu Gott. Es sah nicht so aus, als hätten sich meine Mitbewohner angefreundet. Bärbel verdrehte die Augen und nickte hinüber zu Gott, der inzwischen auch die anderen Pflanzen auf der Fensterbank untersuchte. Ich zuckte mit den Schultern. Was sollte ich tun? Gott trug seinen Trainingsanzug und sah aus wie jemand, der noch auf den Rest des Pizza-Geldes wartete.

„Das ist eine gute Idee gewesen“, sagte Gott und schaute zum Himmel. Der Himmel schien heute so nah, als ob man ihn mit seinen Händen berühren könne. Er glühte ihn leuchtenden Farben und begrüßte alle Aufsehenden mit seinem wehmütigen Licht.

„Christkind backt Plätzchen“, sagte ich, weil ich das immer sage, wenn der Himmel in diesen warmen Farbtönen glänzte.

Ich stellte mich zu Gott und konnte meine Augen nicht von dem Himmel wenden. Der Tag fing so schön an, dass man kurz wieder Kind war und sich erinnerte an die Vorstellungen von Himmel und Erde.

„Habt ihr euch schon bekannt gemacht?“, fragte ich.

„Ich mag den nicht“, sagte Bärbel

Gott drehte sich zu Bärbel und sagte unbeirrt: „Ich freue mich sehr, die Mitbewohnerin von ...“ Gott schaute zu mir. Konnte das sein? Hatte er meinen Namen vergessen?

„Gregor“, sagte ich und buchstabierte vor. „Ich heiße G-r-e-g-o-r.“

Gott lachte. „Natürlich heißt du G-r-e-g-o-r“, sagte Gott. „Ich freue mich also, die Mitbewohnerin von Gregor kennenzulernen.“

Bärbel drückte den Teebeutel in den Aschenbecher und steckte umständlich ihre Zigarette an.

„Hau ab“, sagte sie.

Hatte ich richtig gehört? Wollte Bärbel wieder mit ihrer schlechten Laune alle abschrecken?

„Was sagst du denn da?“, protestierte ich. „Gott ist mein Gast. Ich möchte nicht, dass du so mit ihm umgehst.“

„Ich mag den nicht“, skandierte Bärbel und schaute Gott an.

Gott stellte den weißen Flieder von der Fensterbank und öffnete das Fenster. Der Autolärm drang von der Straße bis in unsere Küche. Alle fuhren zur Arbeit und drängelten sich durch die Straßen.

„Muss das sein?", fragte Bärbel und schloss ihre Jeansjacke. „Wo ist denn der Zucker?"

„Tut mir leid", sagte Gott und schloss das Fenster wieder.

„Ich mag den nicht", murmelte Bärbel, als müsste sie es sich noch mal selbst bestätigen. Sie hatte als Kind das Vaterunser rückwärts auswendig lernen müssen und seitdem eine starke Abneigung gegen alles, was nach Kirche aussah, aber das hatte doch mit Gott nichts zu tun. Hier ging es um das Zusammenleben in einer WG. Außerdem, Gott wusste nicht, wohin, und da war es erst mal egal, ob man sich mochte oder nicht. Hauptsache, man hatte ein Dach über dem Kopf und konnte irgendwo aus dem Fenster gucken.

„Ich mag dich auch nicht immer", sagte ich zu Bärbel, „und trotzdem wohnen wir zusammen."

Bärbel stand abrupt auf, als wollte sie gehen.

„Mit was für komischen Leuten du dich manchmal umgibst", sagte sie und setzte sich wieder hin.

Da musste ich lachen. Wen meinte sie denn? Hatte sie vergessen, dass sie auch zu diesen Leuten gehört? Verdrängte sie völlig, dass ich mich auch mit ihrem neuen Freund Ekki abgeben musste, obwohl er alle mit seinem Wissen über Lautsprecheranlagen und Verstärkersystemen in den Wahnsinn trieb?

Gott hatte bisher kein Wort gesagt. War es ihm egal, was andere über ihn dachten? Bärbel ging zum Küchenschrank und suchte die Packung mit den Zuckerwürfeln.

„Brauchst du Zucker?“, fragte Gott.

Bärbel schaute in dem Fach nach, wo die Gewürze standen. Sie schob Salz- und Pfefferstreuer beiseite und schüttelte den Kopf.

„Ich bin müde“, sagte sie. „Als Taxifahrer stumpft man ab. Wenn ich in den Himmel schaue, sehe ich nur Wolken.“

Gott nahm die Packung mit den Zuckerwürfeln hoch und reichte sie Bärbel.

„Wo waren die denn?“, fragte sie und zündete ihre Zigarette an.

„Auf der Fensterbank“, sagte Gott. „Ihr müsst übrigens mal die Blumen gießen.“

Bärbel seufzte lautstark und ließ drei Zuckerwürfel in den Tee plumpsen. Der Himmel wurde blau, und die Sonne grüßte schüchtern. Das würde ein heißer und schöner Tag werden.

„Warum magst du ihn denn nicht?“, fragte ich fassungslos.

„Lass mich doch“, sagte Bärbel und drückte nach zwei Zügen ihre Zigarette wieder aus.

„Du gibst dir auf jeden Fall alle Mühe, damit dich keiner mag“, sagte ich.

Ich schaute zu Gott, der sich jeden Kommentars enthielt.

„Kater unser, der du kommst vom Kümmel, gepeinigt durch eine Fahne“, murmelte sie. „Ein Scheich komme, meine Rechnung bezahle und such uns nicht in der Unterführung, sondern vergib uns unsere Erlösung in Bergkamen.“

„Frag ihn doch“, sagte ich. „Du bist so liebenswert wie ein alter Turnschuh.“

Gott stand in der Küche herum, als fühlte er sich fehl am Platze.

„Er muss sich auf jeden Fall in den Putzplan eintragen."

„Ich putze gerne", flüsterte Gott mir zu. „Sauberkeit ist gut für die Seele."

„Das habe ich gehört", sagte Bärbel, als hätte Gott über sie gelästert.

„Gott ist zu gut für die Welt", sagte ich bestimmt.

Bärbel lachte gehässig.

„Dann liebt er bestimmt auch alle Betrunkenen und alle Spinner, die in der Stadt rumrennen. Er liebt die Perversen und die Bösen und drückt die Geizigen, die kein Trinkgeld geben, an seine Brust."

Gott nickte. Bärbel gähnte wieder ein Loch in die Luft, schob ihre Katzen von sich und stand auf: „Ich geh schlafen. Ich bin müde wie ein Hund."

Als Bärbel die Küche verlassen hatte, füllte Gott Wasser in eine leere Bierflasche und goss damit die Blumen auf der Fensterbank.

„Warum sagst du nichts?", fragte ich Gott.

Gott schaute mich an, als würde er meine Frage nicht verstehen.

„Du wirst beleidigt und beschimpft, du wirst geliebt und verehrt. Da beten dich die Menschen an, und woanders wirst du verspottet und geschmäht. Warum sagst du nichts?"

Gott setzte sich an den Küchentisch, nahm einen Zuckerwürfel aus der Packung und ließ ihn auf der Zunge zergehen.

„Was soll ich sagen?", sagte Gott und klatschte in die Hände. „Ich bin Gott."

5

Die Vertreibung aus dem Garten Eden

In der Nähe des Nordbahnhofs hatte ein Bio-Supermarkt aufgemacht, der sich mit Blick auf seine große Obst- und Gemüseabteilung „Garten Eden" nannte. Hier kaufte ich manchmal ein, wenn ich das Gefühl hatte, mich gesund ernähren zu müssen. Oft kaufte ich dann Bananen, die ich später nicht aß, oder einen vegetarischen Brotaufstrich, der mir nicht schmeckte. Nun wollte ich meinem himmlischen Gast etwas Gutes bieten. Gott wollte natürlich mit. Die Vorstellung, mit Bärbel allein in der Wohnung zu sitzen, konnte für Gott nicht das Paradies sein. Ich wunderte mich nicht darüber. Gott hing an mir wie eine Klette, als wollte er dabei sein, wenn ich mich an die Fersen des Alltags heftete und versuchte, ein besserer Mensch zu werden.

Zum Nordbahnhof konnte man zu Fuß gehen. Ich nahm einige Flaschen für den Altglascontainer mit, und wir gingen los. Wenn man den kürzesten Weg links liegen ließ, gab es Nebenstrecken, an denen man Hinterhöfe und Gärten sah und nicht schutzlos Verkehr und Lärm ausgeliefert war. Auf dem Parkplatz des Nordfriedhofs fanden wir eine Sammelstelle und entsorgten das Altglas.

„Darf ich?", fragte Gott.

„Wir trennen unseren Müll, um die Umwelt zu entlasten", sagte ich unnötigerweise. Ich hatte immer das Gefühl, Gott auf unsere Errungenschaften hinweisen zu müssen. Sonderbarerweise kamen mir dann die Bemühungen zur Erhaltung der Welt doch sehr bescheiden und unzureichend vor.

Gott warf die weißen Flaschen in den Container für die weißen Flaschen und die braunen und grünen Flaschen in den Container für die braunen und grünen Flaschen. Er war der Schöpfer, das spürte man gleich.

„Das macht Spaß", sagte Gott, „ein wichtiger Schritt zur Erhaltung eures Lebensraumes."

Ich wusste nicht, ob Gott sich über mich lustig machte, und murmelte: „Es ist ein Anfang."

„Natürlich", sagte Gott. „Was wären wir ohne den Anfang."

Wir gingen weiter. Kurz vor dem Garten Eden, auf der anderen Seite der Poststraße, war das Musikhaus Schallenberg. Eine riesige Gitarre zierte die Vorderfront des Hauses, und Gott ging darauf zu, als wollte er damit spielen. Er stand schließlich vor dem Haupteingang, dessen Glastür sich automatisch öffnete, und betrat den Laden. Gott schaute sich um und schnippte mit den Fingern zu der Musik, die man im Hintergrund hörte, wo einer der jungen Verkäufer eine elektrische Gitarre ausprobierte.

„Wenn man traurig ist, spielt man einen Blues", flüsterte ich. „Man legt seinen Schmerz in das Gitarrenspiel und lässt alles los, was einen bedrückt."

Gott war von der Musik so begeistert, dass ich Gott eine Blues Harp, eine Mundharmonika, auf der man Blues spielen konnte, kaufte. Er freute sich darüber wie ein Kind und probierte es gleich aus. Sein Blues zog durch den Raum und überraschte uns alle trotz oder gerade wegen seiner schlichten Melodie. Gott klatschte in die Hände.

„Blues tut gut“, sagte er.

Ich schüttelte amüsiert den Kopf. Gott war immer für eine Überraschung gut. Endlich kamen wir zum Biomarkt, zum Garten Eden. Während ich die Gemüseabteilung nach frischem Gemüse absuchte, schlenderte Gott durch die Obstabteilung. Ich hatte gerade acht Möhren eingetütet und ausgewogen, als ich Ingrid traf. Sie hatte einen grünen Pullover an und trug ein oranges Halstuch. Ihr rotes Haar hatte sie hochgesteckt. Sie arbeitete in dem Verlag, für den ich mein neues Buch schreiben sollte.

„Ingrid“, sagte ich und schwieg. Ich gebe zu, dass mich ihre Anwesenheit nervös machte. Vielleicht fiel mir deshalb nur ein, ihren Namen zu nennen. Vielleicht hätte jetzt noch „ein Satz mehr“ die Situation gerettet, aber mir fiel dieser Satz nicht ein. Ich schaute sie nur an und fragte mich, wie viele Sommersprossen wohl noch auf ihrer Nase Platz hätten.

„Na? Auf der Suche nach einem Wunder?“, fragte sie.

Ingrid spielte auf meinen Auftrag an. Ich sollte ein Buch über Alltagswunder schreiben, aber hatte bisher weder einen Anfang gefunden, noch wusste ich, was ich mit dem Buch aussagen wollte.

„Ich bin dabei“, sagte ich. „Das Buch wird ein Knaller.“

Wir schauten zur Obstabteilung, wo gerade Lärm und Tumult uns ablenkte. Laute Stimmen sprachen durcheinander. Was war da los? Ich war verwirrt.

Die Situation überforderte mich. Ich schaute Ingrid so abwesend an, dass sie die Gesprächsführung übernahm.

„Aber hier im Garten Eden findet man doch immer Anregungen."

Ich schaute mich um und erwiderte: „Klar, eines der größten Alltagswunder ist immer noch der vegetarische Fleischsalat, der genauso schmeckt wie sein verrufenes Vorbild."

Ingrid lachte, obwohl sie selbst kein Fleisch aß und wahrscheinlich jeden Tag dutzende Anspielungen darüber erdulden musste.

„Komm mal wieder im Verlag vorbei", sagte sie. „Bruno macht sich schon Sorgen um den Abgabetermin."

Ingrid ging zur Kasse und drehte sich noch einmal zu mir um. Ich hob den Arm und winkte.

Ich stöhnte auf. Ich hätte sie zu einem Kaffee einladen sollen, dachte ich, zu einer Rundreise um die Welt, zu einem Flug auf den Mond, aber immer wenn ich sie traf, fiel mir das nicht ein. Ich musste sie unbedingt das nächste Mal einladen. Sicher aß sie mit mir einen Kuchen und wusste nicht, wie glücklich mich das machen würde.

Der Lärm in der Obstabteilung hielt an. Inzwischen liefen auch zwei Polizisten dorthin und machten das Durcheinander perfekt.

„Lassen Sie uns durch", rief einer der Gesetzeshüter. „Wir sind von der Polizei."

Um Gottes willen, dachte ich, wo war denn Gott? Mir fiel ein, dass ich Gott bei den Äpfeln stehen gelassen hatte. Es war doch nichts passiert? Was konnte schon in einer Obstabteilung passieren? Ich lief zu den Äpfelständen und sah den Filialleiter, den ich an seinem grünen Kittel erkannte. Er stand vor

Gott und schüttelte den Kopf. „Nun gehen Sie schon“, schimpfte er. „Sie können froh sein, dass wir Sie nicht anzeigen.“

Obwohl ich mich durch die Schaulustigen drängelte, konnte ich Gott nicht mehr beistehen. Ich sah nur noch, wie Gott von den beiden Polizisten aus dem Garten Eden geführt wurde. Gott winkte mir zu und biss seelenruhig in einen Apfel. Was war passiert? Ich traf Gott vor dem Bio-Imbiss, wo er auf dem Boden saß und auf der Mundharmonika einen Blues spielte.

„Ich habe Hausverbot bekommen“, sagte Gott. „Ich bin aus dem Garten Eden geflogen, weil ich einen Apfel entwendet haben soll.“

Ich schüttelte den Kopf. Das konnte doch nicht wahr sein.

„Und?“, fragte ich. „Was ist dran an der Geschichte?“

Gott spielte einige Töne auf der Blues Harp.

„Was ist schon dran“, sagte er. „Ich ging durch die Obststände, war in Gedanken, und als ich die leckeren Äpfel sah, habe ich Hunger bekommen und konnte nicht widerstehen.“

Ich verdrehte die Augen.

„Hier musst du Geld haben“, sagte ich. „Umsonst ist nur der Tod.“

Gott dachte nach und zeigte auf das Schild das Supermarktes.

„Schönes Paradies“, sagte er. „Wahrscheinlich wird der Parkplatz vor dem Garten Eden auch bewacht.“

„Willkommen in meiner Welt“, sagte ich.

Gott klatschte in die Hände. „Es ist auch meine Welt.“

Ich setzte mich zu Gott auf den Boden.

„Immerhin", überlegte Gott, „ist die Sehnsucht hier umsonst und die Liebe und der Tod."

„Und der Blues", sagte ich.

„Und das Lachen."

Gott nickte und spielte auf der Mundharmonika. Dann setzte er ab, weil er lachen musste.

„Und was ist daran so komisch?", fragte ich.

„Überleg doch mal", lachte Gott. „Ich bin aus dem Garten Eden verbannt worden, weil ich einen Apfel geklaut habe."

Gott hatte recht. Das war lustig. Ich lachte mit, und Gott spielte seinen Blues.

Mir fiel dazu gleich ein Text ein:

„Das Paradies wurd uns gezeigt
damit wir es vermissen
damit kein Mensch das Glück verschweigt
von dem wir alle wissen

Das Paradies ist unser Ziel
im Himmel und auf Erden
wir wollen alles und zu viel
sonst hagelt es Beschwerden

Das Paradies ist uns bekannt
dort wollen wir mal leben
und haben uns an Gott gewandt
er soll uns Hoffnung geben

Denn Gott alleine kennt den Weg
darüber lasst uns reden
wenn ich in seinen Arm mich leg
bin ich im Garten Eden."

„Yeah", sagte ich, „du hast es drauf."

„Ich weiß", sagte Gott und schüttelte übertrieben wie ein Rockstar den Kopf, als würde er nun total aus sich herausgehen.

6

Welt der Wunder, Teil I

Mein Lektor Bruno von Kettelbach vom Wort-Verlag hatte wiederholt angerufen. Er wollte mich unbedingt sprechen. Ich hatte ihm die erste Geschichte des neuen Buchs gemailt und war nun auf seine Reaktion gespannt. Natürlich wollte Gott mich bei diesem Treffen unterstützen. Ich fragte ihn schon gar nicht mehr. Er hatte sich meinen Parka ausgeliehen und stand schon fertig angezogen an der Wohnungstür.

„Mich interessiert dein Leben", sagte Gott. „Ich kann davon lernen, wie man die Dinge angehen soll. Ich verstehe dadurch vieles ein wenig mehr."

Wer das Leben kennenlernen will, war bei mir genau richtig. Ich kannte mich damit genauso gut aus, wie meine Mutter beim Reifenwechseln. Vielleicht ist das schwächste Glied so wichtig, weil man dadurch die Spannung der ganzen Kette einzuschätzen lernt.

„Ich bin so weit", sagte ich, und wir gingen los.

Ich hatte die ganze Nacht an meinem neuen Buch gearbeitet. Es sollte „Welt der Wunder" heißen und positive Sichtweisen auf den Alltag lenken. Ein Aufbaubuch mit Witz und Sinn. Ich saß also an meinem Computer und hatte ... keine Ideen. Das wurde nicht besser, je länger ich nachdachte, aber so konnte ich nicht schlafen und tippte lustlos auf den Tasten herum. Manchmal musste man einfach etwas beginnen, um zum Ende zu kommen. Es wunderte mich nicht, dass Gott auch nicht zur Ruhe kam. In der kleinen Wohnung wurden alle in Mitleidenschaft gezogen, wenn nur einer sich bewegte. Bärbel hatte sich deshalb meine begehbare Garderobe, die abgeschieden am Ende des Flurs lag, zur Schlafkammer ausgebaut. Dort lag sie in einem Schlafsack auf ihrer Isomatte und rief immer: „Geht das nicht alles ein wenig leiser?"

„Nein!", rief ich dann.

Geschichten schreiben ging bei mir nicht leise. Ich lief dabei auf und ab, sprach mit mir selbst und boxte gegen einen Sandsack, der in meinem Zimmer von der Decke hing.

„Kommst du nicht weiter?", fragte Gott. Er lag auf seiner neuen Matratze und schaute mir beim Boxen zu.

„Ich taste mich an das Thema ran", wich ich aus.

Ich wusste nicht, ob ich mit Gott über meine ersten Gehversuche sprechen wollte. Gott gab nicht locker.

„Lies doch mal vor", bat Gott.

Ich zog mir die Boxhandschuhe aus, kratzte mich am Kopf und schaute von oben auf den Bildschirm meines Computers: ‚Welt der Wunder', erste Geschichte, ‚Wahrheiten über Träume'.

„Guter Titel", unterbrach mich Gott.

Ich räusperte mich und begann zu lesen: „Obwohl viele Träume unser Leben beeinflussen, spricht man selten über sie. Ist etwas, nur weil es nicht tatsächlich passiert, ohne Bedeutung für unser Leben?"

„Und weiter?", fragte Gott.

Ich rieb mir die Hände und gähnte. Mir war kalt.

„Das war es schon. Mehr habe ich noch nicht."

„Das ist immerhin eine Aussage", baute mich Gott auf.

Ich merkte, wie Gott mir seine Tipps in annehmbaren Dosen verkaufen wollte. Sah man mir an, wie schwer ich Vorschläge anderer akzeptieren konnte?

„Es ist gut", sagte Gott. „Ich würde nur, auch weil es sich um Träume handelt, eine Einführung bringen, die mehr zum Weiterlesen lockt."

Ich verdrehte die Augen. Es reichte mir schon, wenn Bruno, mein Lektor, seinen Senf zu meinem Text dazugeben würde.

„Ich weiß schon, was ich tue", sagte ich. „Es ist ja nur ein Entwurf."

Gott war nicht zu bremsen und sprach: „Ich könnte mir einen Anfang vorstellen, der das Kleine erhöht." Gott begann zu fabulieren: „Es sind die kleinen Wunder, die uns Freude machen. Was wäre das Leben ohne Überraschungen, die uns den Tag versüßen und Hoffnung geben. Was wären wir Menschen ohne Träume ..."

Gott klatschte in die Hände, während meine Laune sich so sehr verschlechterte, dass ich mir das am liebsten nicht anmerken lassen wollte. Ich war übermüdet und ärgerte mich, wie gut Gottes Vorschlag war. Ich streifte meine Boxhandschuhe wieder über und reagierte mich erst mal ab.

„Ich mache das schon", sagte ich. „Halt du dich da raus."

Gott hörte gar nicht zu.

„Und am Schluss würde ich immer enden mit: ‚Und allen Menschen wurde klar, Gottes Welt ist wunderbar'", sagte Gott. „Wie findest du das?"

„Das ist kein Kinderbuch", winkte ich ab. „Wir zielen auf erwachsene Leser."

Als der Morgen graute, hatte ich den Träume-Text endlich aufs Papier gebannt und in einem Anflug von Größenwahn an Bruno gemailt.

Gott und ich gingen durch die Stadt. Es war noch früh. An den Bushaltestellen stapelten sich Zeitungen, und volle Mülleimer begrenzten die Bürgersteige. Ein Bäcker stand vor seiner Bäckerei und rauchte eine Zigarette, ein Kioskbesitzer winkte uns zu und aß ein Brötchen. Alle waren bereit und erwarteten den Tag. Wir gingen zum Verlagshaus, das direkt über einem Buchladen lag. Ein moderner Bau, der rundum verglast war und aussah wie ein Aquarium. An der Information saß Ingrid und begrüßte mich mit einem Lächeln.

„Bruno wartet schon auf dich", flüsterte sie. Sie trug diesmal einen gelben Charlie-Brown-Pullover mit einem gezackten schwarzen Muster.

„Sie mag dich", flüsterte Gott mir zu.

Ich brummte verlegen und schob Gott vor mir her. Ich sah Bruno in seinem von allen Seiten einsehbaren Büro. Er wirkte von weitem schlank wie ein Seepferdchen und hatte sein langes rotes Haar zu einem Zopf gebunden. Ich wartete, bis er sein Telefongespräch beendet hatte. Er lief dabei hin und her und bewegte sich dazu wie beim Abschreiten einer Ehrenformation.

„Mein Lieblingsautor", rief er in seiner überschwänglichen Art, lief zur Tür und ließ uns herein.

„Setzt euch", sagte Bruno und hielt Gott die Hand hin. Bevor Gott seinen Namen sagen konnte, hatte sich Bruno schon wieder mir zugewandt.

Wir setzten uns in die Sitzecke, die Bruno zum Verhandeln vorzog, wenn er dem Gespräch eine vertrauliche Atmosphäre geben wollte.

„Ich habe mich gleich an deinen Text gesetzt", sagte Bruno.

Eine Frau mit roten Haaren, anscheinend war das eine der Voraussetzungen, um in diesem Verlag arbeiten zu können, kam herein und stellte ein Tablett mit drei Tassen, drei Untertassen und einer Thermoskanne auf den Tisch.

„Ihr bedient euch ja selber", sagte sie und huschte wieder aus dem Raum.

Bruno faltete die Hände, setzte an, um etwas zu sagen, sagte aber nichts. Wir schauten uns erwartungsvoll an. Ich rechnete mit dem Schlimmsten. Endlich sagte Bruno: „Also ...", sagte er.

„Also ...", setzte er wieder an. „Ich habe mich gleich auf deinen Text gestürzt und ..."

„Er gefällt dir nicht", vervollständigte ich sein Gestammel. Bruno stand auf und löste seinen Zopf.

„Er gefällt mir nicht?", stammelte Bruno. „Im Gegenteil. Der Anfang ist einfach genial."

Bruno lief zu seinem Schreibtisch und las vor: „Es sind die kleinen Wunder, die uns Freude machen. Was wäre der Alltag ohne die Überraschungen, die uns den Tag versüßen und Hoffnung geben. Was wären die Menschen ohne Träume."

Ich schaute Gott an, der seinen Kaffee trank und hinter der großen Tasse verschwunden war.

„Das ist genial", frohlockte Bruno. „Nach einem solchen Anfang kann man alles bringen."

Ich war froh, dass ich mich doch noch Gottes Vorschlag gegenüber offen gezeigt hatte.

„Der Traum selber ist natürlich schon ...", Bruno suchte nach den richtigen Worten, „starker Tobak."

Ich schluckte. Wer sagte denn noch „starker Tobak“, wenn er etwas schwer verständlich fand.

„Ich wollte einfach einen zweifelnden Menschen mit seinem Traum präsentieren.“

Bruno streckte sich, als hätte er mir gar nicht zugehört.

„Übertreib es nur nicht“, sagte er. „Bleib gefühlvoll und aufbauend. Wir dürfen unsere Leser nicht überfordern.“

Ich nickte und schaute Gott an, der anscheinend ganz Brunos Meinung war.

„Und wie gefällt dir der Schluss?“, fragte ich zweifelnd.

„Du meinst diesen Kinderreim?“, sagte Bruno. „Darüber muss ich nachdenken.“

Ich wollte gerade darauf hinweisen, dass mich Gott persönlich auf diesen Vers gebracht hatte, als Bruno aufschrie:

„‚Und allen Menschen wurde klar, Gottes Welt ist wunderbar‘ Das hat was.“

„Ich muss mich da bei meinem Mitbewohner bedanken“, sagte ich. „Er hat mich bekniet, diese Sätze in den Text einzufügen.“

Gott winkte ab, als hätte er nichts mit seiner Idee zu tun.

„Ich gebe nur Anregungen. Was man daraus macht, liegt bei jedem selbst“, sagte Gott und klatschte in die Hände.

Bruno schaute in den Himmel, wo gerade ein Flugzeug vorbeiflog.

„Und allen Menschen wurde klar, Gottes Welt ist wunderbar“, murmelte er. „Scheiße, das hat was.“

Wir standen alle an der Vorderfront des Bürogebäudes, schauten auf unsere kleine Stadt und ließen diesen wunderbaren Augenblick still auf uns wirken.

„Wusstet ihr, dass ich diese Stadt mal abscheulich fand“, sagte Bruno.

Gott schüttelte den Kopf. Ich nickte. Bruno hatte mir diese Geschichte schon drei mal erzählt, aber ich wusste, dass ihn dies nicht abhalten würde, sie noch einmal zum Besten zu geben. „Ich fand diese Stadt abscheulich, bis ich hörte, dass es hier ein Treckermuseum gibt.“

Gott horchte auf. Treckermuseen fand er auch bewunderungswürdig.

Bruno band sich seinen Zopf. „Ich dachte nur, eine Stadt mit einem Treckermuseum kann so schlimm nicht sein.“

„Zumal der Verkehr dann auf den Straßen sicherer wird“, sagte ich.

Wir schauten uns an. Keiner sagte es, aber wir wussten: Und allen Menschen wurde klar, Gottes Welt ist wunderbar.

7

Wahrheiten über Träume

Ich möchte hier meine Geschichte „Wahrheiten über Träume“, die ich für das Buch verfasst hatte, vorstellen. Ich gebe zu, dass das Thema „Träume“ manche abschreckt, aber steckt nicht in allen Gleichnissen eine tiefere Wahrheit, wenn man bereit ist, sich ihnen auf eine unschuldige Art zu nähern, die sonst nur Kindern vorbehalten ist? Gott fand meine Geschichte gut. Hier ist sie:

> *Der Erzähler erhob sich vor den Gelehrten und sprach erst zögerlich und dann mit lauter und fester Stimme: „Es sind die kleinen Wunder, die uns Freude machen. Was wäre der Alltag ohne die Überraschungen, die uns den Augenblick versüßen und Hoffnung geben. Was wären die Menschen ohne Träume. Ich träumte mal von einer Gerichtsverhandlung, in der ich angeklagt worden war, mich in unzulässiger Weise Gott genähert zu haben. Das klingt erst mal weit hergeholt, aber ich schwöre, dass so mein Traum anfing und ich selbst am meisten darüber erschrocken war. Gott beschuldigte mich, so formulierte es sein Anwalt Dr. Sandbote, Gott beschuldigte mich*

also des Zweifelns und der Ausbeutung aus niederen Beweggründen. Er, Dr. Sandbote, sagte, Gott habe sich beklagt, ich hätte ihm dauernd, Zitat, ‚am Rockzipfel gehangen'. Gott, so Dr.Sandbote weiter, habe sich nicht mehr frei bewegen können, überall hätte ich auf der Lauer gelegen, um ein gutes Wort aus ihm herauszulocken. Ja, Tag und Nacht hätte ich Gott behelligt. Kein Augenblick sei mir zu heilig gewesen, um nicht Gott dabei an seine so oft gelobte Menschenliebe zu erinnern. Und das Schlimmste, so stand es in der Anklageschrift, sei gewesen, dass ich nur darauf gewartet hätte, bei Gott einen Fehler oder eine mögliche Kaltherzigkeit zu entdecken, um dann auch noch ihn, also Gott, für mögliche Folgen und Auswirkungen verantwortlich zu machen. Gott sei nie sicher vor meiner Kontaktaufnahme gewesen, und so hätte ich mich ihm oft unnötig in den Weg gestellt und mich in unsachlicher Weise an ihn gewandt. Ich war verdutzt und tief verletzt. Das war schon ein bitterer Vorwurf gewesen. Ich saß dann zu Prozessbeginn, also in diesem Traum, neben meinen Verteidiger, Herrn Meier. Herr Meier war als Pflichtverteidiger angetreten, der mir vom Staat gestellt worden war. Alle meine Kontakte, sogar mein Freund Dr. Theo Kranwinkel, der mir noch was schuldig gewesen war, weigerten sich, mich zu vertreten. ‚Ich kann Gott verstehen', hatte Theo mir gesagt. ‚Du kannst nicht alles Gott überlassen. Du musst auch selbst sehen, wie die Welt nicht vor den Hund gehen kann.' Ich schnaufte wie nach einem verlorenen Marathon. ‚So hat man es mir beigebracht', verteidigte ich mich. ‚Gott liebt mich, wurde mir

versichert, und er kümmert sich um mich.' ‚Schau dich doch mal um', hat da Theo geantwortet. ‚Du lebst in einer wunderschönen Welt, bist gesund und klug. Du kannst doch auch selbst was tun, um ein gerechtes Leben im Anblick des Herrn zu führen.'
Theo hatte gut reden. Er konnte sich als Anwalt ein ganz anderes Leben leisten, zumal er sich mit dem von mir geliehenen Geld ein wunderschönes Auto gekauft hatte. Nun hatte ich diese Gerichtsverhandlung am Hals, bei der zum Glück die Öffentlichkeit ausgeschlossen war. Wenn meine gläubige Mutter diesen Tag hätte erleben müssen, sie wäre vor Scham tot umgefallen und hätte mich mitgerissen. Ich war traurig und fühlte mich von Gott und der Welt im Stich gelassen. Wen sollte ich um Hilfe bitten, wenn der, den ich sonst immer darum bat, mich deswegen angeklagt hatte? Mein Pflichtverteidiger schüttelte nur den Kopf, wenn ich etwas sagte, und keiner wollte sich mit Gott anlegen, weil er Angst hatte, dafür einmal mit Nachteilen rechnen zu müssen. Auch ich würde mich ja sofort schuldig bekennen, wenn ich dadurch die Liebe meines Anklägers wiedergewinnen könnte. In der Verhandlung schilderte der Staatsanwalt Dr. Sandbote, Gott selbst war nicht gekommen, wie ich alle meine Pläne mit Gott absprechen wollte. Unentwegt! Dass ich selbst Kleinigkeiten wie das Ausfüllen von Lotto-Scheinen von seinem Rat abhängig gemacht hätte. Dass ich auch die Verhaltensweisen meiner Nachbarn vor Gott bloßgestellt hätte und ich mich mit jedem Wunsch und jeder Idee, seien sie noch so unwichtig und lächerlich gewesen, an Gott gewandt hätte, als wäre ich ein kleines Kind

und alleine nicht überlebensfähig. Was sollte ich machen? Es war ein Traum, und so weinte ich bittere Tränen und versteckte mich hinter einer leeren Bürokladde, in der Herr Meier eigentlich Pluspunkte für mich sammeln wollte. Das Schlussplädoyer hielt ich selber, da ich meinen Anwalt nicht in die Verlegenheit bringen wollte, zu meinen Gunsten zu lügen, wo er selbst mich doch sofort in der Hölle sehen wollte. Ich bat also um Gnade und versicherte, dass ich nun versuchen würde, mein Leben selbst auf die Reihe zu kriegen und mich nur noch in Ausnahmefällen, wie allgemein üblich, an Gott wenden würde. Ich wies noch mal darauf hin, dass ich niemals und in keiner Weise an Gottes Tun gezweifelt hätte, und sollte dieser Eindruck entstanden sein, mir dieses unendlich leidtun würde. Nein, ich sei nach wie vor gläubig und sähe in einem Leben ohne Gott keinen Sinn. So zog sich der Richter zur Beratung zurück. Er brauchte nicht lange, um ein Urteil zu fällen. Ich musste stehend den Beschlüssen folgen und fand auch darin, dass Herr Meier meine Hand hielt, keinen Trost.
Gott hat also eine einstweilige Verfügung erwirkt, dass ich mich ihm nicht mehr nähern darf. Er zieht einen Strich zwischen uns und hofft, dass ich mich an diesen Abstand halten werde. Ich darf mich vor dem Essen und anderen gesellschaftlichen Ereignissen, wie gehabt, an ihn wenden und könnte auch in Notlagen darauf hoffen, ein offenes Ohr bei ihm zu finden. Wichtig wäre Gott nur, dass ich mein Leben selbst in die Hand nehmen würde und ihn nicht wegen jeder Lappalie um Beistand anflehen würde. Ich nahm mein Urteil an und versuche nun, das Beste aus mei-

nem Leben zu machen. Ich bin überrascht. Es macht erstaunlich viel Spaß."
Der Erzähler setzte sich nach seinen Ausführungen und sagte dann noch: „Das war mein Traum. Was will er mir sagen? Was soll ich nun tun?"
Zuerst war es unerwartet still im Raum. Alle waren zu überrascht um reagieren zu können. Sie entdeckten wieder die Weisheit der Träume und begannen sie mit der Wirklichkeit zu messen. Was für ein Erkenntnisgewinn. Schließlich brach ein Jubel aus, alle standen auf und applaudierten dem Wortführer. „So ist es", sagten alle. „Unglaublich", frohlockten einige. Und allen Menschen wurde klar, Gottes Welt ist wunderbar.

Ich las meine Geschichte wieder und wieder. Es war mir schon aufgefallen, wie schnell man alles als sonderbar und unwichtig betrachten konnte. Ein Traum gilt allgemein nicht als wahr und wirklich. Aber war das nicht auch der Sinn des Ganzen? Konnte etwas als überflüssig und sonderbar empfunden werden, das uns umgab und bewegte? War die Erde nicht nur im Großen und Ganzen, sondern auch im Kleinen und Verwunschenen Gottes Werk? War das Beachten und Erhalten des Unwesentlichen nicht erst der Garant dafür, dass wir auch bereit waren für das Wunderbare und Vollkommene?

8

Wenn ihr nicht werdet ...

Eigentlich hätte ich an meinem Laptop sitzen müssen, um weitere Geschichten für meine „Welt der Wunder" zu verfassen. Es schien aber einer dieser Tage zu werden, an denen ich nichts zu Papier bekommen würde. Man hat nicht immer Eingebungen, und manchmal muss man warten, bis man wieder von der Muse geküsst wird. So stand ich ratlos auf dem Balkon und genoss die letzten Sonnenstrahlen des Tages. Waren die letzten Sonnenstrahlen des Tages nicht auch große Gotteswunder? Ich schaute in den Hof und überlegte, wann ich welche der Mülltonnen auf den Bürgersteig stellen musste. Die grünen, gelben und schwarzen Tonnen standen, nach Wohneinheiten getrennt, auf dem Hinterhof und sorgten mit einer klaren Aufgabenverteilung für eine saubere Umwelt. Mir wurde bewusst, wie weit wir uns vom Paradies entfernt hatten. Dort hatte alles seinen Platz, und das, was man fortwarf, sorgte durch sein Vergehen wieder für etwas Neues. Sollte das Leben nicht ein Kreislauf sein? Ich sah Gott, der sich an der Wäscheleine reckte und die Handtücher einem Jungen zuwarf, der sie auffing und stolz in den Wäschekorb legte. Sie unterhielten sich so laut, dass ich das Gespräch mitbekam, welches Gott mit Winni führte.

„Gleich haben wir es geschafft", sagte der Junge. „Die Handtücher fliegen von selbst in den Korb."

Gott schaute auf den Jungen herab, als hätte er ihn vorher nicht gesehen.

„Dort gehören sie hin", sagte Gott. „Alles hat seinen Platz."

Ich kannte den Jungen vom Drumherumgehen. Er stand meistens im Weg, und wenn man ihn sah, musste man drum herumgehen. Winni war wie immer ganz in Blau/Schwarz gekleidet. Er trug über der Jeansjacke das Trikot vom SCP 07 und hatte auch auf Mütze und Schal das Emblem des Fußballclubs verewigt. Ich wusste, dass Winni SCP-Fan war. Er schaute manchmal den anderen Kindern beim Fußballspielen zu. Wahrscheinlich hätte er gerne mitgekickt, aber traute sich nicht zu fragen. Vielleicht konnte er gar nicht Fußball spielen, aber auch beim Fußball gab es schließlich Aufgaben, wo man nichts können musste und trotzdem seinen Platz hatte. Die Bundesliga ist voll mit Personen, die diese Positionen besetzt hielten. Ich hatte eine Idee. Das war ein gutes Thema für das nächste Kapitel meines Buches: „Wo man seinen Platz finden konnte". Das musste ich mir merken. Bruno von Kettelbach wartete schon ungeduldig auf neue Schreibproben. Ich wollte gerade meinen Aussichtsplatz verlassen, als die beiden ihr Gespräch fortsetzten. Winni hüpfte vor Gott herum, als hätte er noch etwas auf dem Herzen. Man musste nicht Gott sein, um das zu spüren.

„Spielt heute der SCP?", fragte Gott, als wollte er Winnis Denkpause überbrücken.

Ich wunderte mich, dass Gott sich mit Fußball auskannte, aber vielleicht war das auch gar nicht nötig. Über Fußball konnte man auch reden, wenn man sich nicht damit auskannte. Alle machen das. Winni kicherte.

„Die kommen gerade erst aus dem Trainingslager“, klärte er auf.

„Ich dachte nur, weil du so toll angezogen bist.“

Winni schaute sich um, als suchte er jemanden, der wirklich toll angezogen war, bis er akzeptierte, dass Gott ihn meinte.

„Ich bin Fan“, sagte er.

„Wann spielt denn der SCP?“, fragte Gott.

„Die müssen erst mal aus dem Trainingslager kommen“, klärte Winni noch einmal auf.

„Ich frage ja nur“, sagte Gott. „Beginnt nicht bald wieder auch die Saison?“

Winni schaute Gott an, als wäre er nun mit seinem Latein am Ende.

„Man kann die Vereinsfarben auch tragen, wenn der Lieblingsclub nicht spielt“, sagte er und fügte noch hinzu: „Ich bin ja nicht nur an den Tagen Fan, wo der Verein auf seine Gegner trifft.“

Gott nickte. „Heute rollt der Ball nicht mehr“, sagte Gott, wobei ich spürte, wie es ihm Spaß machte, sich in diesen Fußball-Slang hineinzudribbeln. Über mir im Haus öffnete sich ein Fenster. Ich sah eine Frau, die sich aus dem Fenster beugte.

„Winni, kommst du hoch!“, sagte die Frau. „Papa will mit uns Abendbrot essen.“

Winni seufzte auf.

„Ich habe gar keinen Hunger“, rief er.

„Zehn Minuten“, sagte die Frauenstimme über mir. „Wenn du in zehn Minuten nicht kommst, gibt es Ärger.“

Winni wollte auf den Boden spucken, traf aber nur seine eigene Sandale.

„So ein Mist, so ein verquarkter, so ein Pferdemist." Winni lachte selbst über das Wort „Pferdemist", als wäre es ihm gerade erst eingefallen.

„Ich muss jetzt zu meinen Eltern", flüsterte Winni. „Sie machen sich sonst Sorgen."

Gott warf Winni ein Handtuch zu, welches dieser in den Wäschekorb plumpsen ließ.

„Alles hat seinen Platz", sagte Gott.

„Ja", sagte Winni, „aber zu Hause ist es einfach, seinen Platz zu haben. Die können mich ja schlecht umtauschen."

Er schaute zum Balkon hoch.

„In der Welt findet man auch seinen Platz", sagte Gott.

„Ich bin da nicht so sicher", sagte Winni.

Er schaute sich um, als würde er hier weit und breit keinen Platz sehen, wo er sich wohlfühlen konnte. Ich überlegte, wo mein Platz war. Ich stand gerne im Hintergrund wie auch jetzt und ließ alles auf mich zukommen. Gott hatte alle Handtücher von der Leine genommen. Ich sah, wie er den Wäschekorb hochhob.

„Ich bin da nicht so sicher", sagte Winni noch mal. „Viele wissen nicht, wo sie hingehören."

Gott dachte nach. Plötzlich hatte er eine Idee:

„Für die, die nicht wissen, wo sie hingehören, gibt es doch die Krimskramsschublade."

Winni lachte. „Was soll ich denn in einer Krimskramsschublade?"

Sie gingen zum Hintereingang, durch den man auf den Hof kam.

„In der Krimskramsschublade sind alle, die nicht wissen, wo sie hingehören. Dort ist man nicht allein und trifft andere, die auch auf der Suche sind. Die Krimskramsschublade ist ein guter Platz", sagte Gott.

Winni überlegte und nickte schließlich. Er schaute zu dem Fenster, aus dem ihn seine Mutter gerufen hatte, dann lief er zu der Tür, von der man in den Hof gelangte, und hielt sie auf. Plötzlich fing er an zu singen:

„He, he, he, Sieger ist der SCP."

Ich winkte Gott zu, er winkte zurück und ging durch die Tür. Ich verschwand in meinem Zimmer und fing an zu schreiben: „Wie interessant wir als Kinder mal waren" und tippte am Schluss den Satz: „Die Welt ist eine Krimskramsschublade. Alle finden dort ihren Platz."

9

Der Gesprächskreis I

Der Gesprächskreis „Gott und die Welt – Lass uns darüber sprechen" sollte sich jeden Dienstag unter dem Michaelskindergarten treffen. Der dortige Keller war ausgebaut worden und beherbergte neben dem Ruheraum für Kinder auch einen Allzweckraum, in dem sich Gruppen über verschiedene Belange austauschen konnten. An den Wänden hingen Plakate, die lachende Kinder zeigten, die stolz ihren gebauten Trinkwasserbrunnen vorführten, und Kaffeebauer, die selbst erwirtschaftete Schulmöbel über einen Feldweg trugen.

Gott und ich saßen auf kleinen Kinderstühlen und warteten auf unsere Mitstreiter. Es hatten sich noch andere von dem Aushang locken lassen und wollten den späten Nachmittag mit uns verbringen.

Ich schaute mich um. Hinter einer hochklappbaren Theke fand man die Küchenzeile. Ich hatte gerade fair gehandelten Kaffee aufgesetzt, eine Vollkorn-Gebäckmischung gefunden und sogar Tulpen aus dem ungepflegten Vorgarten der Begegnungsstätte gerupft und auf den Tischen verteilt, damit sich alle bei unserem ersten Treffen wohlfühlen konnten. Gott hatte vier der kleinen Tische zusammengeschoben, an denen sonst die Kinder bastelten und malten. Nun hatten wir Platz für alle.

„Ich bin gespannt", sagte Gott und faltete die Verpackung von der Plätzchenpackung zusammen.

„Halte dich ein wenig zurück", bat ich Gott. Es ging zwar heute um ihn und die Welt, aber wir mussten uns erst selbst kennenlernen.

Die Tür öffnete sich, und ein Mann mit einem Baseball-Cap schob sich in den Raum. „Ich heiße Udo", sagte er und schaute sich so gewissenhaft um, als vermutete er Agenten hinter Türen und Vorhängen.

Udo war ein nervöser, schlaksiger Typ, der seine Beine nicht unter die niedrigen Tische bekam und sich daher gleich auf die Fensterbank setzte und auf uns herabblickte. Man hätte seine Unsicherheit für Ablehnung halten können, aber wahrscheinlich brauchten wir alle noch ein wenig, bis wir auftauten.

Tina war die Zweite, die zu uns kam und den Kontaktzettel zeigte, den sie von meinem Aufruf abgerissen hatte. Sie trug die Haare ganz kurz und sah nicht so aus, als hätte sie deshalb einen Friseur aufgesucht.

„Ich hätte eine größere Schrift vorgezogen", korrigierte sie gleich meinen Anmeldebogen, den ich auf den Tisch gelegt hatte, setzte ihre Brille auf und füllte ihn aus. Ich wusste nicht, was ich sagen wollte, und lächelte einfach vor mich hin.

„Wir kriegen das hin", murmelte Gott mir zu.

Tina hüstelte. Sie zog sich einen weinroten Pullover über und hauchte in ihre Hände, als wollte sie den Atem überprüfen.

„Ist es hier zu kalt?", fragte ich. „Im Keller ist es immer ein wenig ungemütlich."

Tina schüttelte entschieden den Kopf, als würde ihr Kälte nichts ausmachen und als würde sie auch diesbezüglich jede Hilfe ablehnen.

„Ich möchte aber gleich sagen, dass meine Zeit knapp ist. Ich möchte gerne sofort zum Wesentlichen vorstoßen."

Ich schaute auf die Uhr. Da es schwierig war, in diesem Stadtteil einen Parkplatz zu finden, wollte ich ein wenig später anfangen, als ausgemacht war.

Als Ingrid kam, war ich so überrascht, dass ich gleich von dem Vollkorngebäck aß, obwohl ich eigentlich keine gesunden Süßigkeiten mochte. Ich schaute Gott an und drängte ihm auch einen Vollkorntaler auf. Natürlich hatte Gott mit Ingrids Auftritt zu tun, er hatte sie gewiss zu diesem Abend eingeladen. Ich umarmte Ingrid zur Begrüßung und war nicht überrascht, als auch Gott und Udo sie umarmten. Wenn das so weiterging, würde unsere Gruppe bald nur noch eine Zahnbürste benutzen müssen.

„Was machst du denn hier?", fragte ich.

Ingrid zuckte mit den Schultern. Sie ließ ihren weißen Mantel an, als wollte sie nicht lange bleiben.

„Ich habe von eurem Treffen gehört", flüsterte sie. „Da packte mich doch die Neugier."

„Erwarte nicht zu viel", sagte ich. „Ich wollte einfach eine Gruppe zusammenstellen, mit der man mal über alles reden kann."

„Das könnte doch auch dein Buchthema unterstützen", sagte sie.

Ich nickte und sagte: „Mal sehen. Wenn nicht, kann man hier wenigstens gesunde Plätzchen essen."

Gott tat so, als würde er uns nicht zuhören, aber ich merkte, dass er aufblickte, als es um die Plätzchen ging.

„Noch ein Plätzchen?", fragte ich Gott.

Er schüttelte den Kopf, griff aber doch in die Packung und bediente sich notgedrungen.

„Ich freue mich auf jeden Fall, dass du gekommen bist", sagte ich zu Ingrid.

„Vielleicht spioniere ich auch nur für unseren Verlag", gab sie lachend zurück und unterstrich ihren Scherz, indem sie alle aufklärte: „Wir arbeiten für den gleichen Verlag. Gregor ist Schriftsteller."

Zum Schluss kamen noch Edgar und Lorenz, Zwillinge. Obwohl sie alles taten, um anders zu wirken als der andere, hatten sie doch den gleichen Pullover an, trugen die gleiche Jeansmarke und identische Schuhe. Ansonsten achteten sie darauf, dass sie sich nicht gleichzeitig Kaffee einschenkten, nicht im gleichen Augenblick seufzten und den Kopf auf dem rechten Arm aufstützten, was sie aber trotzdem taten.

„Spielt hier jemand Schach?", fragte Udo plötzlich, als habe er sich mit der Gruppe vertan. Ich räusperte mich und achtete darauf, dass jeder von uns etwas zu trinken hatte. Ich wollte alle begrüßen und den Gesprächskreis eröffnen.

„Es ist schön, dass Sie alle den Weg zu uns gefunden haben. Wir treffen uns hier in der evangelischen Kirchengemeinde, aber das soll nur als Vorschlag zu verstehen sein. Wenn jemand bessere Räume vorzuschlagen hat, können wir gerne die Örtlichkeiten wechseln."

Ich machte eine kleine Pause, in der niemand etwas sagen wollte.

„Vielleicht ist es sinnvoll, wenn wir gleich das förmliche ‚Sie' abschaffen und zum vertrauensvollen ‚Du' übergehen können."

„Kennt hier jemand das Tages-Du?", fragte Gott.

Ich schaute Gott an, der sofort schuldbewusst verstummte und mich weiterreden ließ. Ich freute mich plötzlich, über Gott und die Welt zu reden. Vielleicht war ich auch nur glücklich, dass Ingrid den Weg zu uns gefunden hatte. Auf jeden Fall war der Anfang getan, und wir waren zusammen und mussten nun eine Gemeinschaft werden.

Udo stand auf, und weil die Fensterbank in Kniehöhe war, damit auch Kinder dort sitzen konnten, zog sich dieses Aufstehen in die Länge. So musste es sein, wenn Könige sich erheben.

„Ich bin Udo", sagte er. „Ich arbeite als Busfahrer und suche die Stille. Was soll ich sonst noch sagen? Meine Mutter sagte immer, man sieht sofort, was mit mir los ist."

„Ich kann das auch sehen", sagte Gott. „Du bist ein Segen."

Udo schluckte. „Deswegen bin ich hier", sagte er. „Ich suche mehr, als sonst der Alltag zu bieten hat. Ich fühle mich schnell fehl am Platze. Alles ist zu laut und kommt einem zu nah. Na ja, als Busfahrer darf man während der Fahrt nicht mit mir sprechen, aber manchmal ist das schon wieder mehr Stille, als man aushalten kann."

„Ich fände es gut", unterbrach ich seine Begrüßung, „wenn wir uns reihum vorstellen. Erzählt etwas über euch, dann klären wir den Rest und kommen auf Gott zu sprechen."

Tina blieb sitzen und schaute alle der Reihe nach an, als müsse sie um Aufmerksamkeit werben. Man spürte, dass sie öffentliches Reden gewohnt war.

„Es ist schön, dass wir uns alle duzen. Eine Vertrautheit kann nur entstehen, wenn wir uns gleich der Wahrheit nähern. Ich heiße zum Beispiel eigentlich Tamina, möchte aber Tina genannt werden. Ich habe mir die Haare abschneiden lassen, weil ich gerade dabei bin, mich von allem Ballast zu befreien. Nennt mich also Tina. Ich bin 42 Jahre alt. Das ‚Einfache finden' ist mein Wunsch. Ich halte mich im falschen Leben auf."

„Erklär mal, was du so machst", bat Udo.

Tina nippte einen Schluck von dem Tee, den sie statt des Kaffees trinken wollte, und biss von einem Butterbrot, das sie mitgebracht hatte und dem Gebäck vorzog.

„Du meinst beruflich?"

„Ja", sagte Udo, der immer noch stand.

„Ich bin vermögend", sagte Tina. „Ich engagiere mich bei Mentor, den Leselernhelfern, als Lesepatin."

„Kann man davon so reich werden!", fragte Lorenz und winkte gleich ab. „Das war ein Scherz."

„Sei doch mal sachlich", fuhr sein Bruder Edgar ihn an. „Mein Bruder arbeitet beim Privatradio, da gehört Zynismus zum guten Ton."

„Und er ist Handwerker", sagte Lorenz. „Mein Bruder wollte was mit Holz machen."

„Erzählt mal genauer, was ihr so macht!", bat Ingrid.

Edgar lachte kurz auf.

„Ich bin kein Handwerker, ich drechsele aus Holz Kerzenständer. Das ist ein Kunsthandwerkerberuf, und mein Bruder betreut die Werbekunden beim Privatradio."

Lorenz tat so, als wäre er eingeschnappt. „Das ist spannender, als es sich nun anhört. Ich überwache auch die Werbeeinspielungen und sitze dauernd im Tonstudio herum. Gerade beim Privatradio ist man Mädchen für alles und rührt jeden Tag in anderen Töpfen herum."

Er klopfte seinem Bruder auf die Schulter, so als wäre das ihr Ritual, um wieder zueinanderzufinden. „Und was machst du bei Ingrids Verlag?", fragte mich Edgar und schüttelte seinen Bruder ab. Ingrid lächelte mir zu und tat so, als wäre sie nun auch gespannt, was ich mir aus den Fingern saugen würde.

„Ihr kennt mich ja schon durch den Aushang. Ingrid ist beim Wort-Verlag beschäftigt, der sich mit religiösen Themen auseinandersetzt, und ich schreibe Bücher darüber."

Ingrid meldete sich zu Wort.

„Und ich will noch ergänzen, dass ich beim Verlag nur am Empfang sitze und dort die Abläufe koordiniere."

„Das ist wirklich untertrieben", mischte ich mich ein, „sie ist die gute Seele des Verlags, ohne Ingrid läuft da gar nichts."

Ich hatte mich wohl zu leidenschaftlich für Ingrid eingesetzt, da alle plötzlich verstummten und auch Ingrid mich stolzer anschaute, als mein Einsatz wert gewesen war.

„Das ist gut zu wissen", kicherte Udo.

Alle schauten nun Gott an, der gerade mit dem Zeigefinger einen Farbklecks, den die Kinder direkt auf den Tisch gemalt hatten, zu einem Kreis abrundete.

„Und was ist dein Job?", fragte Lorenz.

Gott schürzte die Lippen. „Das ist eine lange Geschichte", sagte Gott.

Edgar lachte: „Wir haben Zeit."

„Ich bin Gott", sagte Gott und klatschte in die Hände.

Alle nickten, als gäbe es da nichts hinzuzufügen. Ich dachte nur, wie gelassen man als Gott sein kann und wie einsam. Kein Wunder, dass er die Menschen liebte.

10

Gottes Notizen

Ich musste beim Staubsaugen Gottes Matratze beiseiteschieben. Da sah ich einen Zettel mit Notizen. Tagebuchartig hatte Gott dort Menschen beschrieben, die ihm auf seinen Wegen begegnet waren. Das Blatt Papier war dort offenbar nicht versteckt worden, sondern musste zufällig unter die Matratze geraten sein. Natürlich war ich neugierig auf Gottes Anmerkungen, und ich hatte nicht das Gefühl, damit einen Vertrauensbruch zu begehen. Es schien mir fast so, als hätte Gott diese Aufzeichnungen eigens für mich deponiert. Als wollte er mir damit zeigen, warum er zu Besuch auf die Erde gekommen war. Ich habe später daraus Geschichten gemacht. Vielleicht konnte ich sie in mein neues Buch einfließen lassen. Ich ahnte, Gott wollte mir so zeigen, dass er die Menschen liebt. Die ersten beiden Notizen stammten vom April. Es war ein Montag gewesen, und das Wetter erschien launisch. Ich habe die Anekdote, die Gott in der Ich-Form verfasst hatte, umgeschrieben. Aber alles entspricht der Wahrheit und ist so geschehen:

Gott traf einen Mann auf einer Parkbank. Es regnete. Gott wunderte sich und fragte ihn: „Ist denn die Parkbank nicht nass?" Der Mann schaute kurz auf, als sei er in Gedanken gewesen, und sagte: „Ja." Nicht mehr und nicht weniger. Er sagte „Ja", als wäre damit alles gesagt. Gott nickte und dachte, wie liebenswert die Menschen sind. Sie haben ihren eigenen Kopf und ihre eigenen Sehnsüchte. Manche sitzen gerne im Regen auf einer Bank, andere lieber nicht. Was nützen da Ordnung und Sinn? Was nützen Erfahrungen und Wissen? Alle Gesetze und alles Gelernte kuschen vor dem menschlichen Dickkopf. Das Einzige, was hilft, ist der Glaube. Gott nickte also und setzte sich trotz des Regens auch auf die Bank. Er wollte den Mann verstehen und vielleicht seinen Erfahrungen folgen. Bald war Gott klüger und verstand. Die Bank war ein Ruhepol und auch trotz des Regens nutzbar. Die Aussicht war lohnenswert und gerade wegen des ungewöhnlichen Wetters in ein anderes Licht getaucht. Viel sprach für dieses Rasten, aber natürlich wurde die Hose nass. „Was sagen denn Ihre Mitmenschen zu diesen Marotten?", fragte Gott. Der Mann im Regen lachte. „Meine Frau kennt das schon", sagte er. „Sie hat mich deswegen geheiratet."

„Lohnt der Preis für des Menschen Eigensinn?", dachte Gott.

Ja, denn eine nasse Hose trocknet wieder.

Die zweite April-Begegnung hatte Gott auf einem namenlosen Weg, der genau zwischen Friseur und Pizzeria zur Pankratiusstraße führte und oft von Hundebesitzern genutzt wurde, um dort ihren Hund Gassi zu führen. Ich habe auch diese Geschichte umgeschrieben, verbürge mich aber für die wahrheitsgemäße Wiedergabe des Inhalts:

Gott traf eine Frau, die einen Kinderwagen schob. Neugierig beugte sich Gott über den Wagen und war enttäuscht. Im Buggy lag kein Baby. „Sie wissen schon", sagte Gott zu der Frau, „dass in dem Wagen kein Baby liegt." Die Frau tat erst erstaunt, als wäre sie überrascht, aber sie machte nur Spaß. „Ich weiß", sagte sie spitzbübisch. „Ich schiebe manchmal den alten Kinderwagen, weil ich mich an meine Jungs erinnern möchte, als sie noch klein waren."

„Was sagen denn Ihre Mitmenschen dazu?", fragte Gott. Die Frau dachte nach. „Ich sage denen manchmal, dass ich den Kinderwagen reparieren ließ und ihn nun zurück nach Hause schiebe. Das klingt normaler."

„Das stimmt", sagte Gott. „Die Wahrheit ist nicht immer bequem."

Gott hatte eine Idee. „Darf ich den Kinderwagen auch mal schieben?"

Die Frau schaute verlegen, als würde Gott ihr einen unnötigen Gefallen tun. „Natürlich", sagte sie dann. „Kinderwagenschieben macht klug." Gott schob also den Kinderwagen vor sich her. Gleich spürte Gott, dass er eine Welt betrat, die ihm sonst verschlossen geblieben wäre. Es tat gut, sich in die Welt der kleinen Kinder zu versetzen. Eine Frau kam ihm entgegen, die eine Gehhilfe schob, obwohl sie noch gut zu Fuß war. „Die ist für später", rief sie. „Ich wollte nur mal sehen, wie man sich dabei so fühlt." Ein Jugendlicher grinste ihn an, der einen leeren Einkaufswagen vor sich herrollen ließ. „Bald kaufe ich mir etwas ganz Großes", sagte er zu Gott. „Ich übe schon mal, wie ich das nach Hause kriege." Alle schoben an dem Tag etwas vor sich her. Da machte man gerne mit.

Schließlich war Gott müde. So ist es, dachte Gott. Alles hat seinen Sinn, sogar das Unsinnige. Manchmal muss man auch etwas machen, obwohl andere darüber nur den Kopf schütteln können. Manche schieben halt gerne einen Kinderwagen ohne Baby, andere nicht. Wer den Sinn liebt, sollte auch den Unsinn zu schätzen wissen. Wer den Apfel nicht tragen möchte, isst ihn auf und wer trockene Wäsche schätzt, sollte die nassen Hosen aufhängen.

Ich hatte den Zettel mit den Notizen offen auf meinen Schreibtisch gelegt, aber Gott ließ ihn dort liegen und erwähnte ihn mit keinem Wort. Auf der Rückseite hatte Gott noch ein undatiertes Erlebnis aufgeschrieben. „Warum ich die Menschen liebe", stand über den Zeilen. Ich habe die Geschichte ebenfalls so genannt. Sie spielt im Modehaus, bei Klingenthal. Gott war dort gewesen, um mit den Rolltreppen auf- und abzufahren. Gott traf dort eine Jugendliche und lernte wieder etwas über uns Menschen. Aber lest selbst:

Gott traf ein Mädchen. Es lief die Rolltreppe hinauf, und obwohl die Stufen sich nach oben bewegten, lief es danach die Rolltreppe auch wieder herunter. Gott schüttelte den Kopf und sprach das Mädchen an. „Du weißt schon", sagte Gott, „dass die Rolltreppe extra erfunden wurde, damit wir es leichter haben."
Das Mädchen schaute Gott an, als käme Gott von einem anderen Stern. Es hatte einen viel zu großen Pullover an, auf dem Julia stand. „Ich heiße nicht Julia, sondern Marie", sagte Marie. „Ich trage nur den Lieblingspullover meiner

Freundin, weil sie auch meinen Lieblingspullover trägt."
Gott schaute sich nach Maries Freundin um, aber niemand mit einem „Mariepullover" gab sich ihm zu erkennen. Die anderen Kaufwütigen liefen in dem Laden herum, wühlten in den Sonderangeboten und kamen aus den Umkleidekabinen, um sich vor einen Spiegel zu stellen. Alles war wie immer.
„Ich will damit nur sagen, dass wir uns mit einer Rolltreppe auch einfach nach oben bringen lassen können. Wir brauchten weder zu laufen noch uns anzustrengen. Das soll bequem und einfach sein."
Das Mädchen verdrehte die Augen und gähnte, als fände sie einfach alles langweilig, Gott, Rolltreppenfahren und das Gähnen auch.. „Das weiß ich doch", sagte sie ein wenig genervt. „Es ist nur cool auf einer Rolltreppe zu laufen, und gegen die Richtung zu rennen ist sogar obercool."
„Was soll daran cool sein, wenn man etwas nicht ernst nimmt?", fragte Gott ungläubig.
„Probier es einfach aus, Alter", sagte das Mädchen und lief schon wieder die Rolltreppe hoch, anstatt sich von ihr hochfahren zu lassen, um gleich danach wieder die Rolltreppe hinunterzulaufen, obwohl sie eigentlich dafür konstruiert worden war, alle nach oben zu bringen.
Gott seufzte und probierte es aus. Er lief ebenfalls die Rolltreppe hoch, anstatt sich von ihr nach oben fahren zu lassen, und lief dann die Rolltreppe wieder hinunter, statt sich in der Herrenabteilung abliefern zu lassen."
Gott schüttelte den Kopf. Das kann man machen, dachte er. Manchmal macht es Spaß, etwas zu

tun, das völlig anders ist, als von einem erwartet wird.
„Und was sagen deine Freunde dazu?“, fragte Gott Marie, die unten am Rolltreppenanfang auf ihn gewartet hatte. Das Mädchen schob sich ein Kaugummi in den Mund und zog die Nase hoch. „Die finden das alle cool. Die machen das auch. Das macht locker.“
Gott nickte und dachte, wie mutig die Menschen sind. Jeden Tag müssen sie sich entscheiden, wie sie leben wollen. Da ist es gut, wenn man über die Stränge schlagen kann. Das Lachen ist der Freund des Menschen. Es begleitet ihn bei allen seinen Handlungen. Es ist ein Glück, dass der Mensch albern sein kann. „Und wenn man sich überlegt, dass das Gehirn zu fast 90% aus Wasser besteht“, alberte Marie herum, „dann kann man froh sein, dass überhaupt noch was auf der Erde klappt.“
Marie kaute ihr Kaugummi und schaute Gott an. „Du musst es ja wissen“, sagte Gott und lief noch einmal die Rolltreppe hoch.

Ich hatte später die Idee, Gott diese Geschichten zu zeigen. Sie sind nach seinen Notizen entstanden und wären ohne ihn nicht möglich gewesen. Ich hielt sie Gott hin, als er mit Ekki am Spülen war. Er spülte gerade einen Löffel zum zweiten Mal, obwohl er schon sauber gewesen war. Gott überflog meine Neufassungen mit einem Lächeln und gab sie mir zurück.

„Total cool“, sagte er und klatschte in die Hände. „Das ist total obercool.“

11

Montageanleitungen

Ich kam aus dem Badezimmer, als ich Bärbel und Gott auf den Boden des Flurs knien sah. Sie murmelten etwas vor sich hin und hatten einen weißen Zettel in der Hand.

„Betet ihr?", fragte ich zweifelnd.

Sie nahmen mich nicht wahr, so versunken waren sie in ihre Litaneien. Gott leierte unbeirrt seinen Text herunter, und Bärbel antwortete immer mit einem müden „Ja".

Ich verstand nur: „Eine Ladenkonsole mit zwei Einlegeböden?"

„Ja!"

„Eine Deckplatte?"

„Ja!"

„Zwei Seitenwände?"

„Ja!"

„Zwei Rückwände und eine Innenwand?"

„Ja!"

„Zwei Flügeltüren?"

„Ja!"

„Zehn Spannkeile und zehn kurze Holzstifte?"

„Ja!"

„Vier Fachbrett-Träger?"

„Ja!"

Endlich verstand ich, was die beiden verband. Ich schaute auf die vielen kleinen und großen Kartons. „Hiraki" stand auf der Verpackung. Klarer Fall. Sie wollten einen Schrank, Modell „Hiraki", aufbauen. Gott las die Liste der benötigten Einzelteile vor, und Bärbel prüfte, ob sie in den riesigen Kisten mitgeliefert worden waren. Das konnte heiter werden. Gott war schon bei den Montageanleitungen angekommen:

„Legen Sie die Ladenkonsole auf den vorgesehenen Standort des Schranks. Stellen Sie die Seitenwände und die Innenwand so auf, dass die Verbindungslaschen der Ladenkonsole durch die entsprechenden Schlitze an der Unterseite der Wände geführt werden."

Bärbel befreite die Konsole von dem umwickelten Plastikmaterial.

„Ich verstehe das nicht", sagte Gott.

„Ich habe alles ausgemessen", sagte Bärbel zu mir. „Der Schrank müsste genau in unseren Flur passen."

Ich war überrascht. Der Schrank sah nicht so aus, als wollte Bärbel endgültig ausziehen. Wer einen Schrank kauft, will bleiben. Bärbel zeigte auf Gott.

„Er wollte mir unbedingt beim Aufstellen helfen", flüsterte sie. „Ich traue ihm ja nicht über den Weg."

Gott verzog das Gesicht, als wolle er verschlagen wirken.

Ich schüttelte den Kopf. Bärbel hatte gerade die Schrankwände entdeckt, die an der Flurwand angelehnt waren, und hielt sie verkehrt herum über die Konsole. Ich wollte schon sagen, dass man an den Ausnehmungen für die Kleiderstange sehen kann, wo oben und unten ist, beschloss aber, schnell dem

Krisenherd den Rücken zu kehren. Im Grunde war ich im Schrankaufbauen eine Niete, nur saßen meine leidgeprüften Erfahrungen so tief, dass ich einige der Fehler inzwischen zu vermeiden wusste.

„Ihr macht das schon“, sagte ich zweifelnd und verdrückte mich in die Küche.

„Machst du Kaffee?“, rief Bärbel mir nach.

Ich seufzte und jagte die Katzen von der Couch.

„Kannst du bitte mal die Rückwand umdrehen?“, mischte Gott sich ein.

Bärbel schloss genervt die Augen, als hätte man sie gebeten ihr Leben auf den Kopf zu stellen, und flüsterte: „Ich mag den nicht“, war aber doch so deutlich zu verstehen, dass Gott genervt seinen Schraubenschlüssel fallen ließ.

„Man kann dort auch anrufen und fragen, ob die einen vorbeischicken“, rief ich aus der Küche.

„Nein, nein, nein“, sagte Gott. „Ich habe das Gefühl, die Welt erst zu begreifen, wenn es mir gelingt, diesen Schrank aufzubauen.“

Ich ließ das mal so stehen, zumal die Schrankteile noch kreuz und quer im Flur herumlagen und ich ahnte, dass sonst alle Aufräumwünsche von vornherein zum Scheitern verurteilt waren.

„Der Kaffee läuft durch“, sagte ich und ließ die beiden in Ruhe ihr Fiasko vorbereiten.

Als ich später in mein Zimmer gehen wollte, war der Schrank immer noch nicht aufgebaut. Statt der drei standen nur zwei Rückwände lose auf der Ladekonsole, nichts war verankert, und kein Holzstift war durch die Lasche gesteckt, geschweige denn die Verbindung mit einem Holzspannkeil fixiert worden. Bärbel saß mit verheulten Augen im Schneidersitz auf dem Boden, doch Gott gab nicht auf und trug die Deckplatte vor sich her.

„Ich verstehe das nicht“, sagte Gott.

„Hier steht es doch ganz deutlich“, jammerte Bärbel und las vor: „Die Deckplatte so auf die Wände aufsetzen, dass die Verbindungslaschen der Deckplatte durch die entsprechenden Schlitze an der Oberseite der Wände geführt werden. Wichtig ist es, die Deckplatte noch nicht mit den Holzspannkeilen zu fixieren!“

Gott bekam große Augen. „Was sind denn Holzspannkeile?“

Bärbel weinte.

„Ich kann nicht mehr. Das wird nie was. Wir bekommen den Wandschrank nie aufgebaut. Die Einzelteile werden für immer den Flur verstellen, und ich mag Gott nicht.“

Ich ging zu Bärbel und nahm sie in die Arme.

„Ist ja gut“, tröstete ich sie. „Ist ja gut.“

„Der Herbst wird kommen und vom Winter abgelöst werden, wir werden alt und älter werden, und nichts wird daran ändern, dass dieser Schrankaufbauversuch als Turmbau von Babel in die Geschichte unserer WG eingehen wird“, flüsterte Bärbel.

Gott wollte noch die Türen montieren, um allen Zweifel an seinen handwerklichen Fähigkeiten aus der Welt zu räumen, aber er konnte nicht den Dübel an der Oberseite der Tür in die Bohrung der Deckplatte einrasten lassen, weil die Deckplatte noch auf dem Boden lag. Gott gab erst auf, als auch noch die zwei Rückwände wieder umfielen. Bärbel lachte bitter auf.

„In sieben Tagen die Welt erschaffen, aber keinen Schrank aufbauen können.“

Gott ließ sich auf den Boden sinken.

„Bei der Welt habe ich gewusst, wie sie aussehen soll“, sagte Gott. „Dieser Schrank aber sprengt meine Vorstellungskraft.“

„Wir können immer noch bei der Firma anrufen", sagte Bärbel.

Wir schauten uns an. Keiner wollte anrufen. Wir waren uns einig. Der Schrank hatte es nicht verdient, aufgebaut zu werden.

„Mach dir nichts draus", flüsterte ich Gott zu. „Der Schrank heißt nicht umsonst Hiraki."

„Wer ist denn Hiraki?", fragte Bärbel.

„Den kennst du nicht?", antwortete ich. „Kenjiro Hiraki ist ein japanischer Ringer."

Bärbel ließ sich von mir hochziehen und schaute auf Gott, der gerade dabei war, den Karton zu zerreißen.

„Wer einen Schrank nach einem Ringer nennt, muss wissen, dass es sich bei dessen Aufbauen um einen Kampf handelt", sagte ich.

„Das Leben ist nicht einfach", murmelte Gott. „Warum muss ausgerechnet das, was uns helfen soll, das Leben zu ordnen, so schwer aufzubauen sein?"

Bärbel nickte, verdrehte dabei aber die Augen. Ich hielt Gott seine Tasse Kaffee hin und trank einen Schluck von meinem. Irgendwie war er mir zu dünn geraten.

„Es ist alles nicht so einfach", bestätigte ich.

„Heult doch", sagte Bärbel und fing wieder an zu weinen.

Wir benutzten nachher die Konsole als Schuhschrank und entsorgten den Rest des Möbelstücks. Alles hatte damit noch ein gutes Ende gefunden. Einen Schuhschrank hatten wir sowieso immer gebraucht.

12

Danke

Gott wunderte sich, wie wenig wir „Danke“ sagten.

„Die Welt ist doch wunderbar“, sagte Gott. „Warum bedanken wir uns nicht dafür?“

Wir hatten in der Apotheke Bärbels Hustensaft geholt und gingen gerade zur Bushaltestelle. Der Himmel war grau, und immer wieder störten kleine Regenschauer den angeblich so wunderbaren Gesamteindruck. Ich trug meinen Woody-Allen-Hut und lauschte den Tropfen auf meiner Hutkrempe.

„Danke“, sagte ich. „Das hört man gern.“

Gott schaute mich an, als wäre ich einem Bus nachgelaufen und wollte dann doch nicht einsteigen. Er suchte nach den richtigen Worten und begann mehrmals einen Satz, bevor er ihn wieder abbrach. Wie erklärt man einem Vogel das Fliegen?

„Schau dich doch um“, sagte Gott schließlich.

Ich schaute mich um. Wir standen an einer Kreuzung und konnten nicht die Straße überqueren, weil der Feierabendverkehr die Stadt in Beschlag genommen hatte. Die Autos rasten hin und her, sodass ein Durchkommen einfach nicht möglich war. Wofür sollte ich an dieser Straße dankbar sein?

„Hier werden wir noch in hundert Jahren stehen", schimpfte ich, „wenn nicht irgendein Wunder geschieht oder irgendjemand ein Einsehen hat und uns arme Seelen über die Straße lässt."

„Lenk nicht ab", sagte Gott. „Sag mir, was du siehst."

Ich wollte nach Hause, zumal dort Bärbel auf ihre Medizin wartete. Sie konnte sehr schlecht gelaunt sein, wenn sie auf etwas wartete.

„Ich sehe nur Wahnsinnige, die schnell nach Hause wollen, damit sie sich vor den Fernseher knallen können, um dann dort den Wetterbericht zu sehen."

In diesem Augenblick hielt ein Auto und zeigte uns durch deutliche Lichtsignale, dass wir die Straße überqueren können.

„Danke!", rief ich und hob die Hand zum Gruß. Gott lachte wissend, als wundere ihn weder meine Bekehrung noch die Freundlichkeit des Autofahrers.

„Siehst du den Himmel, der uns in seiner Unendlichkeit zum Träumen einlädt?"

„Danke", sagte ich. „Danke, grauer Himmel."

„Erfreuen uns nicht die Blumen in den Beeten, die so farbenfroh und duftend an das Glück erinnern?"

„Danke, Blumen", sagte ich. „Und was ist mit dem Müll, der in den Beeten herumliegt?"

Gott ließ sich nicht aus dem Schwärmen bringen.

„War das Papier nicht von einem Schokoladenriegel, der mal einem Kind geschmeckt hat?"

Ich stellte mir das vor. Ich sah den kleinen Jungen, der nach langem Quengeln dieses Naschwerk bekommen hat und es nicht abwarten kann, diese Leckerei erst zu Hause aufzufuttern. Natürlich aß er die Süßigkeit schon auf dem Weg dorthin und schmiss dann die Verpackung einfach fort. Wie sollte er wissen, dass das Schöne immer nur so schön sein kann, wie wir es zulassen. Ich erinnerte mich sogar noch selbst an meinen Lieblingsriegel und dass er mir als Kind so gut geschmeckt hat wie später nichts mehr auf der Welt. Gibt es eigentlich noch Raider?

„Danke, Schokoladenriegel", murmelte ich, hob die Plastikumhüllung auf und warf sie in den Abfalleimer, der an einer Halterung der Bushaltestelle hing. Gott nickte zufrieden und schaute mich dankbar an. War heute der Tag der Danksagungen?

„Danke, Mülleimer", sagte ich.

Gott lachte und klatschte in die Hände. „So ist es recht. Danke."

Der Bus kam. Er war voller Menschen, die aus dem Fenster sahen oder in eine Beschäftigung vertieft waren, die ihnen erlaubte, sich ein wenig aus dem Trott einer verregneten Busfahrt zurückzuziehen. Wir stiegen ein und fuhren bis zur Südstadt.

Wir gingen zum Ausstieg gegenüber dem Busfahrer. Plötzlich blieb Gott im Gang stehen, drehte sich um und strahlte alle Mitfahrenden mit seinem Lachen an: „Danke, dass ihr uns Platz gemacht habt. Danke, dass wir eine Zeit gemeinsam verleben durften. Danke für eure Zuneigung. Wir hatten das Gefühl, nicht allein zu sein. Ich hatte sogar den Eindruck, dass ich mich an euch hätte wenden können, wenn ich Hilfe gebraucht hätte."

Alle schauten Gott überrascht an und hielten kurz inne mit dem, was sie gerade beschäftigt hatte.

„Bitte weiter durchgehen", hörten wir die Stimme des Busfahrers aus den Lautsprechern. Wir gingen weiter nach vorn, um auszusteigen.

„Hast du nicht etwas vergessen?", fragte Gott.

Ich überlegte. Was sollte ich vergessen haben? Ich hatte einen Erkältungstee für Bärbel gekauft und fand in meiner Tasche die Tempotaschentücher, die ich von der Apothekerin geschenkt bekommen hatte. Auf einmal wusste ich, wen Gott im Visier hatte. Ich wendete mich zu unserem Fahrer hin.

„Danke, Busfahrer", sagte ich. „Das war eine schöne Fahrt. Wir sind heile und sicher durch die Stadt gefahren. Danke. Das war großartig."

Der Busfahrer schaute verlegen aus dem Seitenfenster und war sprachlos.

„Das hat noch keiner zu mir gesagt", stammelte er.

Gerührt bog er das Mikrofon in seine Richtung, drückte den Lautsprecherknopf und machte eine Durchsage: „Ich möchte diese Gelegenheit nutzen, um auch allen „Danke" zu sagen. Ich weiß, dass ich in der Vergangenheit oft ein wenig mürrisch wirkte. Ihnen fehlte der Kontakt zu mir, da man während der Fahrt nicht mit mir sprechen darf. Ich möchte ihnen aber heute sagen, dass ich meine persönlichen Krisen überwunden habe. Ich habe wieder Sinn im Leben gefunden. Allen, die mir trotzdem die Treue gehalten haben und weiterhin mit mir gefahren sind, möchte ich auf diesem Wege danken. Das wollte ich auch mal loswerden. Danke. Nächster Halt: Monte Scherbelino."

Wir stiegen aus und waren zufrieden. Selbst als ein Schauer uns wieder in die Wirklichkeit zurückholte, schaute ich zum Himmel hinauf und flüsterte, „Danke, Regen." Wie einfach die Welt zu genießen war, wenn man sie mit anderen Augen betrachten konnte und sie dankbar annahm. Als wir zu Hause ankamen, waren wir nass bis auf die Socken und trotzdem so gut gelaunt, dass Bärbel dachte, wir seien krank.

„Wir sind wieder da", rief Gott

Bärbel lag auf dem Sofa in der Küche. Beide Katzen lagen auf ihr und leisteten ihr Gesellschaft.

„Das hätte ich jetzt nicht gedacht", murmelte Bärbel schlecht gelaunt und leidend. Sie hustete klagend, und ihre beiden Katzen schnurrten dazu.

„Wir haben deine Medizin bekommen", sagte ich.

Bärbel schaute uns gar nicht an, sondern vergrub ihren Kopf unter der Decke.

„Das ist meine Decke", flüsterte ich zu Gott.

„Lass sie", flüsterte Gott. „Sie ist krank."

Bärbel grummelte vor sich hin. Irgendwie klang es so ähnlich wie: „Ich mag den nicht."

Gott ging zum Herd und setzte Wasser auf.

„Ich werde Bärbel erst mal einen Tee machen", sagte er.

„Freust du dich denn gar nicht, dass wir wieder da sind?", fragte ich hoffnungsvoll.

Gott stellte die Tüte mit den Puddingteilchen auf den Tisch. Bärbels Katzen stürzten sich gleich darauf, aber Bärbel war schneller. Sie tauchte unter der Decke auf und schubste die Katzen vom Tisch. Wenn es um Puddingteilchen ging, verstand sie keinen Spaß.

„Lasst das", fauchte sie.

„Coppenrath und Wiese sind Monster", sagte ich.

„Du sollst sie Max und Moritz nennen und ihnen nicht immer dumme Namen geben", maulte Bärbel, putzte sich laut und umständlich die Nase, gähnte selbstvergessen und streckte sich so übertrieben, als wäre sie nun endlich in der Lage, unsere Geschenke zu ertragen.

„Hast du nicht noch was vergessen?", fragte Gott.

„Was meint ihr denn?“, fragte Bärbel, obwohl sie ahnte, was er einforderte.

Gott stellte drei Tassen, drei Teller und den Tee auf den Tisch. Bärbel zog die Nase hoch und richtete sich auf. Sie sah uns an, als hätten wir was angestellt, dabei hatten wir nur ihre Medizin besorgt und die Teilchen vor ihr in eine Schüssel getan. Bärbel rieb sich das Gesicht, als traute sie ihren Augen nicht, seufzte und flüsterte schließlich: „Danke.“

Ich schaute mich um, als hätte ich ein Geräusch gehört.

„Hast du was gehört?“, fragte ich Gott.

Gott schüttelte den Kopf und schenkte Bärbel Tee ein.

„Ich habe auch nichts gehört“, sagte Gott.

Bärbel verdrehte ihre Augen und schaute uns an.

„Danke“, sagte sie schließlich noch mal, und obwohl es so schroff klang, als hätte sie den Katzen verboten, auf ihr herumzukrabbeln, nickten wir.

„Nicht dafür“, sagten Gott und ich wie aus einem Mund und klatschten in die Hände.

13

Der Gesprächskreis II

Es ist schon erstaunlich, wie sehr manche Begegnungen an Tiefe gewinnen, wenn man sich erst mal richtig kennenlernen darf. Alles braucht seine Zeit. Selbst die Signale, die wir durch unser Aussehen und unser Verhalten aussenden, ersparen uns nicht das Kennenlernen. Es scheint fast so, als baue jeder einen Schutzwall um sich, damit er nicht zu schnell durchschaut und verletzt werden kann. Doch alle Menschen verbinden die Sehnsucht nach Liebe und die Hoffnung auf Glück. Was tun wir nicht alles dafür. Das macht uns schwach und angreifbar.

Aber wie gern möchte der Mensch dem anderen vertrauen. Wie liebenswert sind seine Schwächen und seine nicht zu erschütternde Hoffnung. So war unser zweites Treffen im Keller des Michaelskindergartens ein anderes Erlebnis und nicht zu vergleichen mit den zaghaften Gesprächen, mit denen wir uns beim ersten Mal an alles herangetastet hatten.

Diesmal überraschte uns Ingrid mit belegten Butterbroten, die sie eigens für uns geschmiert hatte. Tina hatte zwar diesmal eher Appetit auf Süßes, aber ich wusste inzwischen, dass dieses Herumnörgeln ihre Art war, sich ohne schlechtes Gewissen an die Begebenheiten anzupassen. Ich war froh, Ingrid zu sehen, und wunderte mich, dass sie gleich den Platz neben mir belegte, obwohl da ja eigentlich Gott saß. Sie trug wieder ihren weißen Mantel und ließ ihn an, als traute sie uns auch heute nicht zu, sie mehr als eine Viertelstunde zu fesseln. Als ich sie begrüßte, zeigte ich anerkennend auf ihre belegten Butterbrote, obwohl ich mir dabei wie ein Idiot vorkam. Warum hatte ich immer so eine Furcht, dass man mich kennenlernen könnte? Hatte ich Angst zu enttäuschen? Ja.

Udo hatte sich, ich weiß nicht, woher, einen rollenden Bürostuhl besorgt, den er polternd durch die Tür schob. So brauchte er sich nicht auf den kleinen Kinderstühlen oder der Fensterbank niederzulassen und bekam mehr Bewegungsfreiheit. Er hatte kaum Platz genommen, als er uns schon an seinen Gedanken teilhaben ließ: „Ich bin für Veränderungen, aber wer soll sie leisten, wer soll sie angehen? Ich habe jetzt den Klingelton meines Handys verändert. Das ist nur eine kleine Veränderung, aber ich bin nun immer überrascht, wenn mich einer anruft."

„Geht es heute um Veränderungen?", fragte Gott. Er stand vor der Spüle in der Küchenzeile und trocknete die Gläser ab, die ich gespült hatte.

Udo nickte, als hätte er das Thema festgelegt. Wir waren alle noch nicht so weit, etwas zu sagen, aber vielleicht war das auch nicht nötig. Vielleicht war Udo einfach froh, dass er seine Gedanken loswerden konnte und ihm jemand zuhörte.

„Ich habe extra einen Klingelton genommen, der nicht zu mir passt", sagte Udo. „Wenn mich nun einer anruft, kann ich kaum glauben, dass ich damit gemeint sein könnte. Ich fühle mich dann so anders, dass ich die Welt mit neuen Augen betrachten kann. Ändern wir also unsere Geräuschkulisse. Ich übe gerade, herzlicher zu lachen."

Die Zwillinge Edgar und Lorenz kamen herein und taten wieder so, als wenn sie nicht zusammengehören würden. Sie trugen aber beide den gleichen hellblauen Anzug, und man konnte sie nur auseinanderhalten, weil sie sich unterschiedliche Fliegen umgebunden hatten. Zum Glück.

„Edgar wollte erst gar nicht kommen", sagte Lorenz.

Edgar verdrehte die Augen. „Das stimmt doch nicht. Ich hatte nur den Termin verschwitzt und meine Werkstatt noch nicht aufgeräumt."

Lorenz nahm sich eins von Ingrids belegten Broten und lachte: „Mein Bruder würde sogar die Stunde seines Todes verpassen, wenn er stattdessen einen Kerzenständer drechseln könnte."

„Wenn wir mal wieder wesentlich werden könnten", sagte Tina. „Ich würde gerne mal eine Frage in die Runde schicken."

„Ich habe auch mein Shampoo gewechselt", sagte Udo.

Alle schauten ihn an.

„Okay", sagte er. „Das ist vielleicht keine so große Veränderung."

Er schaute Tina an: „Entschuldige, ich habe dich unterbrochen."

Tina nickte. Sie beugte sich vor. Es war so weit. Der Gesprächskreis „Gott und die Welt" nahm Fahrt auf.

„Ich traue mich kaum noch, die Zeitung zu lesen", sagte sie. „Ich bin jedes Mal erschrocken, welche Veränderungen uns Tag für Tag betreffen."

Alle schauten Gott an, der geduldig zuhörte und sich ansonsten wie ein Beobachter aus dem Gespräch heraushielt.

„Welche Veränderungen meinst du denn?", fragte Ingrid.

Lorenz holte eine Zeitung aus der Tasche und legte sie auf den Tisch.

„Man muss nur die Überschriften lesen, um Angst zu bekommen", sagte er.

Wir rückten zusammen. Edgar erzählte davon, wie schwer es geworden war, mit seinem Beruf Geld zu verdienen. Lorenz schaute ganz erstaunt, als hörte er davon das erste Mal. Udo fühlte sich ungeliebt.

„Liegt es an mir? Muss ich mich verändern?", fragte er die Runde. „Gibt es einen Menschen, der auf der Suche nach mir ist? Wie kann ich ihm entgegenkommen?"

Ingrid und Tina hielten sich mit ihren Sorgen zurück, als wollten sie an diesem Tag den schüchternen Männern den Vortritt lassen. Ingrid hielt immer nur das Tablett mit den Butterbroten hoch, damit jeder sich traute zuzulangen.

„Ich weiß nicht, wie das weitergehen soll", sagte Lorenz. „Wenn sich nicht bald was ändert, sieht meine Welt ziemlich alt aus."

„Die Welt ist alt", sagte Udo.

Lorenz schaute in die Runde.

„Es ist eine ganz einfache Frage: Wie kann der Mensch die Welt verändern?"

Es war dunkel geworden, und ich zündete die Teelichter an, die Gott auf den Tischen verteilt hatte.

Udo lachte plötzlich auf. „Manchmal liegt es nur am Wetter", sagte er. „Ich spüre immer, wenn der Frühling kommt, dass es mir dann automatisch besser geht."

Tina tippte mit dem Zeigefinger auf ein Zeitungsfoto. Ein weinendes Kind schaute aus einem Bus.

„Das ändert allerdings nichts an der Frage, was man tun kann. Wer tröstet dieses weinende Kind?"

Gott hob einen Finger hoch, als wollte er aufzeigen wie in der Schule.

„Ihr könnt die Welt verändern", sagte Gott. „Wer denn sonst?"

Wir lachten, weil Gott sich seiner Sache so sicher war.

„Ihr könnt die Welt verändern, weil ihr es wollt", sagte Gott. „Schaut euch doch um. Ihr habt schon damit angefangen."

Wir wussten nicht, was Gott damit meinte, bis Tina auffiel, dass sie schon wieder ein Butterbrot aufgegessen hatte.

„Ich wollte doch eigentlich nur Süßes essen."

Udo saß plötzlich doch wieder auf einem der kleinen Kinderstühle, weil er uns näher sein wollte. Ingrid hatte ihren weißen Mantel ausgezogen, und ich zeigte ihr, wie sehr ich mich freute, dass sie da war. Sogar die Zwillinge gingen viel vertrauter miteinander um, als wäre es ihnen egal, dass die anderen ihre Verbundenheit bemerkten.

Wir schauten uns an. Wir waren zusammengerückt. Wir hatten uns verändert. Das Böse hatte schon keine Chance mehr gegen die Liebe. Wir schauten uns an. Gott hatte recht. Wir konnten die Welt verändern. „Veränderung" war unser zweiter Vorname. Wir wussten, was Gut und Böse ist.

14

Katzenstreu und Kratzbäume

Gott wollte mit Bärbel und mir in den „Fressnapf" gehen, um Katzenstreu für Coppenrath und Wiese alias Max und Moritz zu kaufen.

„Ich lerne auf diese Weise auch den Alltag der Menschen kennen", sagte er.

Ich hatte kein gutes Gefühl bei der Geschichte. Bärbel konnte manchmal so verletzend sein. Ich war mir auch nicht sicher, ob sich Gott gegen Bärbel durchsetzen konnte. Gott war fremd auf der Erde und liebte die Menschen. Das konnte im alltäglichen Umgang hinderlich sein.

Bärbel schaute uns erstaunt an.

„Wir gehen zu dritt in den ‚Fressnapf'?"

„Warum nicht", sagte ich. „Ich brauche ein wenig frische Luft."

Bärbel schaute in der Speisekammer nach, ob sie dort ihren „Trolley Max" abgestellt hatte.

„Um eine Tüte Katzenstreu zu kaufen, machen wir eine Dreierprozession zum ‚Fressnapf'?"

„Ich kann dir beim Tragen helfen", sagte ich.

Bärbel hatte ihren Einkaufswagen gefunden.

„Ich brauche keinen, der mir hilft", maulte sie. „Ihr beiden Typen wollt mir doch nur auf den Nerv gehen."

Gott und ich schauten uns an. Wir sahen wirklich nicht so aus, als wären wir eine große Hilfe. Gott trug wieder seinen dunkelblauen Adidas-Trainingsanzug und ich sah in meinen Dreiviertelhosen auch nicht aus, als würde ich bei einem seriösen Begleitdienst mein Geld verdienen.

„Ihr wisst doch gar nicht, wie sehr ich Max und Moritz liebe", sagte Bärbel.

Gott und ich schauten uns an. Wir wussten es tatsächlich nicht.

„Wir kommen einfach mit", sagte Gott. „Wir halten uns dabei total im Hintergrund."

„Genau", sagte ich. „Wir tun einfach so, als wären wir gar nicht da."

Bärbel verdrehte die Augen.

„Das schafft ihr gar nicht", murmelte sie. „Ich kenne euch doch."

„Tu es für Coppenrath und Wiese", sagte ich.

„Sie heißen Max und Moritz, du Hirni", maulte Bärbel.

Wir schoben los. Gott wollte unbedingt den „Trolley Max" ziehen, und Bärbel ließ es widerstandslos geschehen. Sie ging nur vor uns her, als wolle sie den Eindruck vermeiden, wir könnten zusammengehören.

„Das Thema ‚Kratzbaum' haben wir ja schon abgeschlossen", sagte ich.

„Ich weiß, dass du meinen Katzen keinen Kratzbaum gönnst", sagte Bärbel und blickte sich dabei nicht um, so als hätte sie mit sich selbst gesprochen.

Der „Fressnapf" lag in einem Industriegebiet an der Benhauser Straße, wo sich Druckereien, Autofirmen, eine bäuerliche Bezugs- und Absatzgenossenschaft und andere Großfirmen angesiedelt hatten. Die „Fressnapf"-Tiernahrungskette hatte sich mit einem Wettbüro und einem Getränkegroßhandel auf einem Gelände zum „Blue Park" zusammengefunden.

Im Eingangsbereich waren Hundehütten, Kratzbäume und Terrarien aufgebaut.

Gott drückte Bärbel den Trolley in die Hand. Fasziniert lief Gott voran in die Tierhandlung.

„Pass auf, dass er keinen Quatsch macht", sagte Bärbel zu mir. „Ich möchte nicht unnötig auffallen."

Zu spät. Gott hatte die Teich- und Gartenabteilung entdeckt, wo in der Mitte auch die Vogel-Volieren aufgebaut waren, und betrachtete begeistert die Regale mit den hundert beleuchteten Aquarien, in denen die Zierfische vor ihm Reißaus nahmen.

„Das ist ja wie im Paradies", rief Gott. „So habe ich mir das vorgestellt."

Gott klopfte an das Glas der Aquarien und lief zu den Käfigen der Papageien.

„Und wie friedlich alle zusammenleben", rief Gott. „Welch eine gelungene Mischung."

Gott war nicht mehr zu bremsen. „Seht ihr denn nicht, wie wundervoll das Leben sein kann?"

Die Kunden des „Fressnapf" verdrückten sich ängstlich in die Terrarien-Abteilung. Herr Gießler, der Marktleiter, der sich in der Aquazubehör-Abteilung befand, erfasste sofort die Situation. Er rief gleich über Funk Herrn Weber und Frau Schäfer zu sich. „Hier gibt es Unstimmigkeiten", flüsterte er in sein Sprechgerät.

Das Fressnapfteam war natürlich vorbereitet auf Befreiungsversuche radikaler Tierschützer und

Überreaktionen von tierverrückten Kindern. Gott zog alle Blicke auf sich.

„Das Paradies kann so nah sein", rief Gott voller Inbrunst.

„Ich bring ihn um", murmelte Bärbel. „Nun kann ich mich hier nicht mehr sehen lassen."

Sie stand in der Kratzbaumausstellung und betrachtete die mehretagigen Puscheltürme. Wo sich der Mensch in einer Mucki-Bude austobt, braucht die Katze einen Kratzbaum.

„Wie schön die Kratzbäume sind", flüsterte Bärbel und streichelte einen der rosa Katzenbeschäftigungsbäume, der zwei Meter hoch war und in der Mitte eine hellblaue Höhle anbot.

Gott hatte inzwischen den Kleinsäugerzoo entdeckt und trieb Hamster, Meerschweinchen, Kaninchen und Zwerghasen mit seiner Euphorie in ihre Unterkünfte.

„Wir friedlich alle Geschöpfe zusammenleben", frohlockte Gott. „Hier sehnt man sich nach Streicheleinheit und Wohlgefühl."

Bärbel schaute sich ängstlich um.

„Ich mag den nicht", murmelte Bärbel.

Sie hob zwei Tüten Katzenstreu auf und ließ sie in die Wanne ihres Trolleys fallen.

Herr Gießler und seine beiden Mitarbeiter hatten inzwischen Gott in die Zange genommen. „Kommen Sie bitte mit", sagte Herr Gießler. „Machen Sie keinen Ärger."

„Was soll ich denn für einen Ärger machen!", rief Gott. „In dieser friedfertigen Umgebung passt sich alles durch Sanftheit und Güte an."

Plötzlich stand eine Frau mit kurz geschnittenen Haaren und grünem Kittel vor Bärbel und mir: „Gehört der Mann zu Ihnen?"

Bevor Bärbel verneinen konnte, antwortete ich: „Wir gehören zusammen. Wir wollten nur einen Kratzbaum kaufen."

Bärbel schaute mich an, als hätte sie nicht richtig zugehört.

„Ohne einen Kratzbaum gehen wir heute nicht nach Hause", untermauerte ich noch mal unsere Kaufabsichten.

Bärbel hatte verstanden. Sie spielte mit.

„Auch unsere Katzen haben Sehnsucht nach dem Paradies", sagte Bärbel so laut, dass Gott sich zu uns stellte. „Wir wollen einen großen und teuren Kratzbaum kaufen."

Als der Marktleiter, Herr Gießler, das Wort „kaufen" hörte, überließ er beruhigt Frau Schäfer den Kundenkontakt. Solange ein Käufer die Tierwelt als Warenangebot akzeptierte, konnte er ruhig so auffallen wie ein geschwätziger Papagei.

„Wir kaufen einen Kratzbaum? Das ist ja wundervoll", flüsterte Bärbel mir zu.

„Ein Kratzbaum macht aus Ihrer Küche einen Erlebnispark", sagte Frau Schäfer.

Das hatte ich befürchtet. Gott stand in der Kratzbaumausstellung und klatschte in die Hände.

„Das ist ein guter Tag für einen Kratzbaum", sagte Gott.

Ich war mir nicht so sicher. Zum einen hatten wir dafür keinen Platz, und zum andern sahen Kratzbäume aus wie Monsterohren-Q-tips.

Bärbel war außer Rand und Band. Nie hätte sie damit gerechnet, dass das Kratzbaumverbot einmal gelockert werden würde. Auch wenn ein Kratzbaum die Freude einer Katze sein konnte, überraschte er doch meist durch seine filigrane Klobigkeit und eine hässliche Plüschigkeit, die jeden

Wohnraum in ein Sadomaso-Studio verwandeln konnte.

„Gibt es den auch in Rosa?“, fragte Bärbel.

Frau Schäfer vom "Fressnapf" nickte. Natürlich gab es den Kratzbaum auch in Rosa. Ehe wir uns versahen, zogen wir mit zwei Tüten voller Katzenstreu und einem ausgewachsenen rosa Kratzbaum nach Hause. Es dauerte nicht lange, da stand das Monstrum in unserer Küche und wurde von Bärbels Katzen in Beschlag genommen.

„Seht ihr, wie wohl sich Max und Moritz fühlen?“, flüsterte Bärbel.

„So stelle ich mir das Paradies vor“, flüsterte ich entmutigt.

Gott schüttelte tapfer den Kopf und nickte erst, als ihn Bärbel böse anschaute.

15

Paradies und Paradas

Ich wollte Gott etwas bieten. Wer Besuch hat, versucht, seine Stadt im besten Licht zu präsentieren. Ich hatte auch ein schlechtes Gewissen. Die letzten Tage waren arbeitsreich gewesen. Tag und Nacht hatte ich an meinem Schreibtisch gesessen und versucht, mit meinem neuen Buch weiter zukommen. Es gelang mir einfach nicht, mich um meinen Besuch zu kümmern. Klar, Gott hatte die Welt erschaffen, aber war er auch zufrieden mit dem, was wir aus ihr gemacht hatten?

Gott saß in der Küche und blätterte in der BILD-Zeitung. Wahrscheinlich hatte sie wieder unser Nachbar, Herr Möllmann, ungefragt in meinen Hausbriefkasten gesteckt.

„Hast du Lust auf einen Ausflug zur Gaststätte Weyher?", fragte ich. Ich machte nach dem „du" eine kleine Respektpause, als überraschte mich die Vertrautheit noch immer. Aus dem anfänglichen Tages-Du war nun ein Freundschafts-Du geworden. Gott schaute mich an, als wollte ich einen Pfarrer überreden, mal wieder in die Kirche zu gehen.

„Das wird dir gefallen."

Ich wollte Gott etwas zeigen, das meiner Idee vom Garten Eden nahekam. Da würde Gott aufatmen. Es gab noch etwas anderes zu sehen als das, was einem die BILD-Zeitung dauernd um die Ohren schlug. Wir würden zur Gaststätte Weyher fahren und uns verwöhnen lassen. Man wurde dort still wie ein Kind und staunte über alles, was die westfälische Küche zu bieten hatte. Dort traf man noch eine heile Welt an, und alle Speisen waren mit Liebe gemacht.

„‚Heile Welt' und ‚mit Liebe gemacht' hört sich gut an", sagte Gott. „So bin ich auch mal angefangen."

Ich wusste nicht, ob das ein Scherz war oder nicht. Wenn man sich Gottes ersten Terminkalender vornehmen würde, beeindruckte er sicherlich mit anderen Aufgaben: Erste Seite, Tag 1: „Licht von der Dunkelheit trennen und so Tag und Nacht erschaffen." Nächste Seite, Tag 2: „Etwas erschaffen, aus dem es regnet und schneit. Einen Namen dafür finden und es vielleicht ‚Himmel' (Arbeitstitel) nennen." Natürlich musste dagegen ein selbstgemachter Apfelkuchen eher unscheinbar wirken, außer er war von Frau Weyher gebacken. Das wollte ich beweisen. War die Welt nicht nur zu lieben, wenn man diese Beweise für ihre Großherzigkeit zuließ?

Bärbel hatte uns den Kleinbus ihres neuen Freundes Ekki geliehen. Bärbel hatte Ekki bei einem Heavy-Metal-Konzert kennengelernt. Er hatte dort die Anlage gestellt und den Sound gemischt. Ekki fraß ihr seitdem aus der Hand und mir meinen Kühlschrank leer. Zum Glück hatte er handwerkliche Fähigkeiten und reparierte im Gegenzug meinen Staubsauger, den Bärbel trotzdem nie benutzte. Am Anfang meiner Nachfrage tat sie so, als wollte Ekki den Wagen nicht an jemanden verleihen, der so selten Autos fuhr wie ich, aber die Erinnerung an ausstehende Mietbeihilfen konnte einen Sinneswandel bewirken. Der blaue Tourbus war noch immer beladen. Ekki hatte kein Lager für seine Anlage, und so fuhr er mit ihr, aufgestapelt im Laderaum, durch die Gegend.

„Das ist ein Nightliner", sagte ich zu Gott.

Gott stieg in den Wagen und schaute sich um. Die hinteren Scheiben waren getönt, und dort lagerten die riesigen Lautsprecher zusammen mit Mischpult und Kabeltrommel.

Es war windig, und der Regen platschte gegen die Autoscheiben. Ich seufzte. So wichtig der Regen für Felder und Wälder sein mochte, hätte ich Gott gern den Haxtergrund im Sonnenschein gezeigt.

Wir fuhren aus der Stadt. Am Horizont standen unzählige Windräder und ließen ihre Rotorblätter am Himmel kreisen.

„Gut, dass es Wind gibt", sagte Gott und schaute fasziniert in den Himmel. Es war noch keine Mittagszeit, trotzdem standen zahlreiche Autos vor dem Gasthof. Sie gehörten Wanderern, die erst ihre Runde drehten, bevor sie bei Weyhers einkehrten. Wir liefen durch den Regen zum Schankraum. Herr Weyher stand hinter dem Tresen und spülte Biergläser. Im angrenzenden Raum, der eigentlich größeren Gesellschaften vorbehalten war, saß ein alter Mann und rührte mit einem kleinen Löffel in seinem Kaffee. Herr Weyher war so sehr mit seinem Gläserspülen beschäftigt, dass er einige Zeit brauchte, um uns wahrzunehmen.

„Mensch, ich hab dich gar nicht gesehen."

Gott und ich setzten uns an den Tisch unter der kaputten Kuckucksuhr. Herr Weyher ging zum Sicherungskasten und machte uns dort das Licht an.

„Man kann hier sehr gut essen“, flüsterte ich. „Man fühlt sich wie zu Hause.“

Gott nickte und schaute dem Mann zu, der noch immer seinen Kaffee umrührte.

„Ich möchte auch einen Kaffee haben“, flüsterte Gott. „Ich möchte auch umrühren.“

Herr Weyher zog zwei Speisekarten aus einer Schublade und kam zu uns.

„Setzt euch doch ans Fenster“, sagte er. „Man kann von dort nach draußen blicken und dem Wind beim Rumwehen zuschauen.“

Herr Weyher lachte, als hätte er einen guten Witz gemacht. Ich nickte. Herr Weyher wusste, was für uns gut war. Man konnte sich ganz in seine Obhut begeben. Immer Sommer lud er uns immer unter die alten Biergartenbäume ein, weil es dort am schattigsten war. Wir setzten uns ans Fenster.

„Hier ist unser Platz“, sagte Gott und klatschte in die Hände.

Ich seufzte und war froh, dass es Gott in dem Gasthof gefiel. Der Regen klatschte gegen die Scheiben, und wenn man rausblickte, sah man, wie der Wind die Zweige der Trauerweide durcheinanderwirbelte. Gott fasste an die Heizung. Sie war warm. Auf dem Tisch stand ein Blumenstrauß und brachte ein wenig Farbe in den grauen Tag. Noch bevor wir etwas bestellen konnten, brachte uns Herr Weyher zwei Tassen, die mit Suppe gefüllt waren.

„Probiert mal“, sagte er fast skeptisch. „Die Suppe ist gerade frisch gemacht.“

Noch bevor ich einwenden konnte, dass es noch zu früh für eine Suppe wäre, hatte Gott seine schon ausgelöffelt.

„Und?“, fragte Herr Weyher.

„Mhmm“, machte Gott.

Herr Weyher war zufrieden.

„Suppe kann man immer essen", sagte er. Herr Weyher trug ein weißes Hemd und eine schwarze Weste, was immer ein Zeichen dafür war, dass er noch eine größere Tischgesellschaft erwartete.

„Was kann ich für euch tun?", fragte er schließlich.

„Also ich hätte gerne einen Kaffee", sagte Gott. „Mit einem kleinen Löffel zum Rumrühren."

„Ich schließe mich dem an", sagte ich.

Herr Weyher hatte noch eine Idee und schaute mich an. „Du magst doch leckeren Kuchen, oder? Ich bringe mal frischen Apfelkuchen mit."

Ich hatte schon beim Hereinkommen die eingedeckten Tische im Anbau wahr genommen. „Kommt heute noch eine Trauergesellschaft?"

Herr Weyher schüttelte den Kopf. „Du kennst weder Tag noch Stunde", sagte er. „Der junge Bäcker Kieskemper aus Borchen ist gestorben. Boing, plötzlich lag er in seinen eigenen Brötchen."

Gott nickte. Er kannte das Problem. Plötzlich stirbt man und hatte noch gar nicht richtig gelebt. Wie gut, wenn man seine Zeit mit Freunden teilt.

„Apropos Brötchen", sagte Herr Weyher. „Ich habe noch frische Brötchen da."

Wir nickten erwartungsfroh. Hier konnte man es aushalten. Ehe wir uns versahen, hatte Herr Weyher zwei Stücke vom Apfelkuchen auf den Tisch gestellt. Gott rührte zufrieden in seinem Kaffee, und die knusprigen Brötchen, belegt mit Wurst und Käse, ließen auch nicht lange auf sich warten. Wir ließen es uns gut ergehen. Manchmal trat für Augenblicke Stille ein, und man konnte hören, wie der alte Mann im hinteren Raum seinen Kaffee umrührte. Wir rührten mit. Wir drehten die Zeit zurück und erinnerten uns an glückliche Kindertage, wo wir Waffeln aßen, um groß und stark zu werden.

„Schmeckt es euch?", fragte Herr Weyher. Wir hatten gar nicht mitbekommen, dass er wieder an unseren Tisch gekommen war. Er hatte zwei Gläser mit Vanillejoghurt dabei, der mit warmen Himbeeren dekoriert war.

„Das müsst ihr probieren", flüsterte Herr Weyher. „Das brauche ich immer, wenn die Sonne nicht scheint. Das ist mein Antiregen-Rezept."

Der alte Mann, der so verträumt mit seinem Kaffee beschäftigt gewesen war, kam plötzlich zu uns herüber. Er schaute uns an, als würde er überlegen, woher er uns kennen könnte.

„Das Butterbrot, das uns ein anderer geschmiert hat, schmeckt immer besser, als wenn wir uns selbst um uns gekümmert hätten", stammelte er. „Was wären wir ohne die Hingabe der anderen?"

„So ist es, Herr Martinke", sagte Herr Weyher, schaute uns entschuldigend an und nahm den alten Mann an die Hand, um ihn zu seinem Platz zurückzubringen. Wir standen auf.

„Dies und das", sagte ich. „Hier erlebt man dies und das."

Gott nickte. „Paradies und Paradas", flüsterte er.

„Paradies und Paradas", wiederholte ich.

Als wir zahlen wollten, winkte Herr Weyher ab. „Gebt mir 'n Zehner", murmelte er. „Das passt schon."

Wir liefen zum Auto. Es war immer noch am Regnen. Draußen standen drei Männer, frühe Trauergäste, die unter dem Vordach eine Zigarette rauchten.

„Macht ihr heute die Musik?", fragte einer der Wartenden. Er zeigte auf unseren Nightliner. Gott lachte.

„Und?“, fragte ich. „Hat es dir im Haxtergrund gefallen?“

Gott zeigte auf den Gasthof.

„Herr Weyher wird in den Himmel kommen“, sagte Gott.

Wir waren satt und zufrieden, jetzt konnte sich der Tag benehmen, wie er wollte. Wir waren gewappnet.

16

Welt der Wunder, Teil II

Bärbel saß in der Küche und rieb sich die Augen. Sie war wieder die ganze Nacht Taxi gefahren und noch zu aufgekratzt, um schlafen zu können. Sie schaute missmutig ihren beiden Katzen zu, die nach der ersten Begeisterung den Kratzbaum mieden und einen Bogen um ihn machten wie um einen kläffenden Hund. Gott ging mit mir in die Küche. Mein Verleger Bruno von Kettelbach vom Wort-Verlag hatte wieder angerufen und verlangte nach einem klärenden Gespräch. Er wollte sicherlich über die neuen Geschichten lästern und mir überflüssige Ratschläge geben. Ich war gereizt und ungerecht und wartete nur auf einen Grund, lospoltern zu können. Gott schaute auffällig auf die kaputte Küchenuhr, und ich wusste auch so, dass wir spät dran waren. Bärbel trug ihre schlechte Laune vor sich her wie ein schreiendes Baby, und ich befürchtete gleich, dass sie damit wieder Gott nerven wollte.

„Schaut mal“, sagte sie. „Ich kann auch was.“

Bärbel schob zwei Toastbrot-Scheiben in den Toaster, stellte sich davor, wedelte mit den Händen über dem Toaster herum und flüsterte: „Toast, spring heraus.“

Natürlich sprang das Toastbrot, wie von Geisterhand bewegt, nach oben, und Bärbel klatschte, Gott imitierend, in die Hände. „Ein Wunder, ein Wunder", rief sie.

Ich schaute Gott an, der sich mitfreute und gar nicht zu verstehen schien, dass er gerade auf den Arm genommen wurde.

„Das ist nicht komisch", sagte ich zu Bärbel. „Wenn du ein richtiges Wunder bewirken willst, dann schaffe es lieber, dass die Katzen wieder an diesem hässlichen Kratzbaum kratzen. Sonst fliegt er raus."

Das tat gut. Nach meinem kleinen Aufstand ging es mir besser. Bärbel zog ihre Lederjacke aus. Sie gähnte und schüttelte sich, als würde sie frieren.

„Ich kann diesen Hokuspokus eben nicht glauben", sagte sie zu Gott. „Nimm das nicht persönlich."

„Wenn er das nicht persönlich nehmen soll, was dann?", fragte ich.

„Dann soll er doch mal ein Wunder zeigen", lästerte Bärbel und sagte zu Gott: „Bewirk doch mal Gutes."

Gott blieb ganz gelassen und ließ sich nicht verunsichern. Er stand neben dem Lichtschalter an der Küchentür und sagte: „Meinst du etwa so was? Es werde Licht."

Gott betätigte den Schalter, und sofort erhellte die Lampe unsere kleine Küche, was umso erstaunlicher wirkte, da eigentlich die Birne kaputt gewesen war. Anscheinend hatte sich Ekki wieder nützlich gemacht, ohne uns anderen etwas davon gesagt zu haben.

„Das ist ja auch nicht lustig", sagte Bärbel.

„Doch", sagte Gott und klatschte in die Hände.

Bärbel verdrehte die Augen und schubste ihre beiden Katzen vom Sofa. Es hatte geklingelt. Bärbel ging zur Tür und kam mit ihrem Freund Ekki zurück, der sie zum Frühstück abholen wollte.

„Tolles Licht", sagte er und stupste die Küchenlampe an.

Bärbel machte das Licht aus.

„Wir werden die Augen offen halten", sagte sie. „Ich melde mich, wenn ich ein wirkliches Wunder sehe."

Ekki schaute uns verwundert an und schüttelte den Kopf. Mit seinem langen Haar und seinem langen Bart sah er so aus, wie man sich Gott vorstellte. Er trug immer die gleiche Hose und ein T-Shirt, welches er irgendeiner Rockgruppe abgeluchst hatte, mit der er gerade auf Tour gewesen war. Ekki nahm Bärbels Lederjacke, zog sie ihr über die Schultern und schob sie aus der Küche.

„Lass dich nicht von Bärbel ärgern", rief ich Ekki zu.

Gott holte die Butter aus dem Kühlschrank und stellte sie auf den Tisch.

„Ich weiß doch, wie schwer sich viele mit mir tun", sagte Gott, „dabei ist die Welt voller Wunder. Man muss sie nur erkennen."

Ich wollte nicht über Wunder reden, mir reichte es schon, darüber schreiben zu müssen. „Ach", sagte ich vorschnell. Ich wusste nicht, wann ich das letzte Mal ein Wunder gesehen hatte. Zählten dazu auch solche Ereignisse wie: Bärbel hilft beim Spülen und Ekki füllt den Kühlschrank auf? Meine schlechte Laune machte mich unbarmherzig. Vielleicht brauchte ich auch zu große Veränderungen, um diese als Wunder akzeptieren zu können.

„Lass die Wunder Wunder sein", maulte ich. „Das normale Chaos reicht mir", ergänzte ich mein mutloses „Ach".

Gott ließ sich nicht einschüchtern. Vielleicht gehören Wunder zum Alltag eines Gottes wie schlechte Laune zum Gemütszustand eines Schriftstellers, der über Wunder schreiben soll.

„Was hast du gegen Wunder?", fragte Gott.

Ich hielt mir nun einfach die Ohren zu und brummelte ganz laut „Ahahahahahaha", damit ganz klar war, dass ich das Gesagte weder hören wollte noch tatsächlich hören konnte.

„Ahahahahahahaha!"

Gott schüttelte den Kopf über so einen Kinderkram und verschloss den Mund mit einem angedeuteten Reißverschluss, welches genauso albern war wie mein „Ahahahahahahaha" mit Ohrenzuhalten. So tranken wir gekränkt wie zwei beleidigte Leberwürste unseren Kaffee, aßen schweigend einen Toast und gingen los.

„Dann lass uns mal Wunder sein", flüsterte Gott, als wollte er das letzte Wort behalten. Ich ärgerte mich. Kann man auf Gott wütend sein? Ja, man kann. Ich beschloss, ihn von seinem Wundertrip zu holen. Man kann nicht immer Wunder sein. Manchmal sind die Tage grau, das Leben schwer, und alles ist nur albern zu ertragen. So blieb ich an jeder Fußgängerampel stehen, drückte auf den Knopf und bestaunte es übertrieben lange, dass die Autos quasi auf meinen Befehl vor der Ampel stehen bleiben mussten.

„Ein Wunder, ein Wunder", sagte ich böse. „Siehst du das auch?"

Gott verdrehte die Augen.

„Das machst du nicht noch mal“, sagte Gott. „Das traust du dich nicht.“

„Doch“, sagte ich und drückte wieder auf den Knopf an der Fußgängerampel. Natürlich mussten alle Autos wieder stehen bleiben, und langsam stolzierten wir auf die andere Straßenseite, als wären wir Könige. Vielleicht konnte Gott meinen kleinen Einlagen doch noch etwas abgewinnen.

„Ein Wunder, ein Wunder“, rief ich also wieder übertrieben aus.

Ein Autofahrer drehte genervt seine Scheibe herunter und sagte: „Ich zeige dir gleich ein Wunder, du Spinner.“

Trotzig drückte ich wieder auf den Knopf der Fußgängerampel, und die Autofahrer mussten erneut vor der Ampel stehen bleiben. Gott lachte endlich laut auf, wir stolzierten versöhnt über den Fußgängerüberweg und waren in der Innenstadt.

„Also gut“, sagte Gott. „Ich werde nicht mehr von Wundern reden. Du kannst dich also wieder selbst überraschen lassen.“

Am Verlagshaus angekommen, fuhren wir mit dem Fahrstuhl in die Führungsetage. Gott kannte sich inzwischen so gut aus, dass er voranging. Wir hielten kurz an der Infotheke, wo Ingrid uns erwartete. Ihr Anblick versetzte mir einen Stich. Ich war überrascht, wie sehr sie mich anzog. Sie trug heute einen Poncho und lächelte mich an.

„Ihr seht so energiegeladen aus“, sagte sie.

Ich lachte und überlegte, was ich sagen konnte.

„Wir sehen nicht nur so aus“, sagte Gott. „Wir sind heute in der Lage, Bäume auszureißen.“

Ingrid zeigte sich unbeeindruckt. „Vielleicht werdet ihr das auch brauchen.“

Bruno telefonierte, während er uns in seinen Glaspalast winkte. Wir traten in seinen Käfig und bekamen sein Telefongespräch mit, welches er unbekümmert weiterführte.

„Nichts für ungut, Anselm", schloss er das Gespräch ab, „aber wir melden uns bei dir."

„Anselm?", fragte ich ungläubig. „War das Anselm Grün?"

Bruno von Kettelbach nickte. „Er wird vielleicht ein Buch bei uns veröffentlichen."

„Guter Mann", sagte Gott.

Ich schaute Gott böse an, als wäre er mir in den Rücken gefallen. Nichts gegen Anselm Grün, aber immer wurde ich mit ihm verglichen und sah dabei sehr alt aus. Auch Bruno von Kettelbach stimmte in diese Lobhudelei ein.

„Apropos Anselm", sagte er. „Du weißt, Gregor, ich mag deine schrägen Vergleiche, deine verblüffenden Bilder aus dem Alltag, aber vielleicht fehlen da einfach einige Weisheiten, wie sie uns Anselm Grün in Hülle und Fülle schenkt.

„Guter Mann", wiederholte Gott. „Anselm hat es drauf."

„Ich weiß es ja nun", zischte ich erbost.

Bruno schaute uns verwirrt an, bis er endlich fortfuhr: „Zum Beispiel so ein Satz wie: ‚Da ich alleine war, traute ich mich nicht, traurig zu sein. Wer hätte mich trösten können?' stände auch dir gut zu Gesichte."

„Wundervoll", flüsterte Gott. „Tut mir leid. Das hat Klasse."

Ich wäre am liebsten gegangen, aber was machte man nicht alles, wenn man am Ende als besserer Autor geachtet werden will.

„War das ein Satz von Anselm Grün?"

„Nein, ich meine doch nur, dass mir in deiner neuen Wundergeschichte, wie soll ich es sagen, ein wenig Tiefe fehlt. Wo bleibt der Erkenntnisgewinn?"

Ich wusste nicht, was mein Lektor meinte, nickte aber.

„‚Was wäre die Welt ohne Gott?' ist eigentlich als Problemstellung sehr vielversprechend", sagte Bruno. „Wir dürfen nur nicht so aalglatt erscheinen."

„Du hast über eine Welt ohne Gott geschrieben?", fragte Gott erstaunt.

„Ja", sagte ich trotzig. Ich kann nur über das schreiben, was ich kenne."

Bruno kicherte.

„Schon die Behauptung, dass es keine Wunder gibt, ist doch eine wunderbare Geistestätigkeit, wenn man überlegt, dass diese Erkenntnis nur uns Menschen gelingt."

Wir standen bass erstaunt vor Bruno. Er sollte das Buch schreiben, dachte ich. Er haute die wichtigen Sätze raus wie ein Tennisspieler. Ich nickte bescheiden. Bruno umarmte mich plötzlich so überraschend, dass ich ihn willenlos machen ließ.

„Gut ist nach wie vor der Schluss mit dem Kindervers", fügte Bruno als Trost an.

„Und allen Menschen wurde klar, Gottes Welt ist wunderbar?", fragte Gott.

Bruno von Kettelbach nickte und öffnete seinen Zopf. Er sah nun aus wie ein Rockstar. „Ich habe ihn heute Morgen noch zu meiner Frau gesagt, als sie mir den Kaffee brachte. Der Satz ist genial. Das hätte auch von Anselm Grün sein können."

„Anselm ist wundervoll", untermauerte Gott. „Ich habe drei Bücher von ihm."

Bruno bekam eine Nachricht vom Empfang. Er nickte mit dem Kopf und sprach in ein Mikrofon, welches er vor dem Mund trug.

„Ich komme gleich."

Die Unterredung war vorbei, ohne dass jemand darauf hingewiesen hätte.

„Dann weiß ich mal wieder Bescheid", sagte ich. „So machen wir es."

„Wie nun?", fragte Gott.

Ich seufzte. „Wie Anselm", sagte ich. „Wir machen es wie Anselm Grün."

Wir gingen grußlos auseinander. Ich war nach der Unterredung durchgeschwitzt und atmete schwer, als hätte ich einen Hundertmeterlauf hinter mir. Wir standen im Flur und warteten auf den Aufzug, als ich plötzlich zurücklief, so als hätte ich einen Schal vergessen oder einen Hut. Ich stand wieder vor Ingrid, die automatisch ihren Anruf unterbrach und hörte mich sagen: „Magst du Streuselkuchen?"

Ingrid schaute mich an.

„Wir könnten zu Herrn Weyher fahren und Streuselkuchen essen."

Ingrid war ganz ernst. Ich fürchtete schon, dass sie keinen Streuselkuchen mochte.

„Alle mögen Streuselkuchen", sagte Gott, der wieder hinter mir stand.

„War das eine Einladung?", fragte Ingrid.

„Ja", mischte sich Gott ein, der Angst hatte, ich würde meinen Mut verlieren.

„Das ist ja ein ...", fing Ingrid den Satz an.

„... ein Wunder?", führte ich ihn zu Ende.

Ich schaute Gott an.

„Ich habe nichts gemacht", sagte Gott.

„Das hoffe ich für dich", sagte ich.

Ingrid und ich waren verabredet. Ich war glücklich. Plötzlich war die Welt voller Wunder. Eines davon trug einen Poncho.

17

Was wäre die Welt ohne Gott

Ich möchte an dieser Stelle meine Geschichte „Was wäre die Welt ohne Gott?" einfügen. Natürlich fällt sie ein wenig aus dem Rahmen, aber ich habe mir einfach vorgestellt, wie die Welt wäre, wenn Gott uns nicht lieben würde – ja, wenn es ihn am Ende gar nicht gäbe. Vielleicht sind wir dann dankbarer für die Welt, die wir hier vorfinden, und achten mehr auf alles, was das Leben so liebenswert macht. Gott fand meine Geschichte übrigens gut. Hier ist sie:

Der junge Erzähler erhob sich vor den Gelehrten und sprach erst zögerlich, um dann mit lauter, fester werdender Stimme fortzufahren: „Es sind die kleinen Wunder, die uns Freude machen. Was wäre das Leben ohne Überraschungen? Was wäre die Welt ohne Glück? Was wäre die Welt ohne Gott?"

„Was wäre denn die Welt ohne Gott?", warf einer der Männer ein.

Der Erzähler setzte sich auf die Stufen zum Altar. Er ließ sich mit der Antwort Zeit, als könne man

nicht alles in einem einfachen Satz erfassen. Schließlich legte er los und beschrieb den sinnlosen Zustand: „Was die Welt ohne Gott wäre? Der Morgen kommt und der Hahn kräht laut, nur ohne Gott. Du stehst auf und du wäschst dich dann, nur ohne Gott. Du ziehst dich an und trägst zwei verschiedenfarbige Socken, nur ohne Gott. Du frühstückst im Stehen und lässt das Toastbrot schwarz werden, nur alles, alles ohne Gott."
Die Stimme des Erzählers wurde lauter, als trüge er ein Gedicht vor, dessen ansteigende Reihungen einen Teil der Wirkung ausmachten. Er stand dabei auf und sagte: „Du steigst in dein Auto und fährst durch die Stadt, nur ohne Gott. Die Ampeln wechseln von Rot, Gelb auf Grün, von Rot, Gelb auf Grün, nur ohne Gott. Du überholst waghalsig einen anderen PKW, nur ohne Gott. Ein Mann zeigt dir einen Vogel, nur ohne Gott. Du zeigst den Vogel zurück, nur alles, alles ohne Gott."
Die Menschen in der Kirche hingen an seinen Lippen. Der Erzähler ging nun durch die Reihen und schenkte allen einen festen Blick.
„Endlich findest du einen Parkplatz, nur ohne Gott. Du läufst zur Arbeit und bist spät dran, nur ohne Gott. Du arbeitest dann im Kindergarten und liebst deine Arbeit, nur ohne Gott. Deine Kollegin Beate lächelt dich an, nur ohne Gott. Du lächelst zurück, nur alles, alles ohne Gott."
Die Gelehrten hatten begriffen. Instinktiv sprachen sie nun die Sätze „nur ohne Gott" und „alles, alles ohne Gott" nach, als wäre es ein Mantra, das sie zusammenführen sollte. Der Erzähler ließ nicht locker:
„Die Kinder im Kindergarten sind total überdreht, weil heute ein Kasperlespieler kommt, nur

ohne Gott. Das Krokodil hat dann beinahe Kasper aufgefressen, nur ohne Gott. Zum Glück konnten die Kleinen Kasper warnen, nur ohne Gott. Am Schluss haben dann alle gesungen, nur ohne Gott. Als Kasper hinter dem Vorhang verschwand, haben einige geweint, nur ohne Gott. Du konntest sie trösten, nur alles, alles ohne Gott."

Wie geheimnisvoll der Singsang in der Kirche dröhnte und wie traurig die Vorstellung machte von einer Welt ohne Gott.

„Du hast dann später zu Mittag gegessen", sagte der Erzähler, „nur ohne Gott. Du hast deinen Nachtisch mit einem Kind geteilt, nur ohne Gott. Später wurden die Kinder abgeholt, manche machten den Eltern vor, wie das Krokodil ‚Schnapp, Schnapp' gerufen hatte, nur alles, alles ohne Gott.

„Nur alles, alles ohne Gott", sprachen die Zuhörer nach.

Der Erzähler gab keine Ruhe. Wie besessen beschrieb er den traurigen Tag eines jeden, der nicht weiß, warum er lebt:

„Später bist du wieder durch die Stadt gefahren, nur ohne Gott. Du hast tanken müssen, nur ohne Gott. Am Südring standest du in einem Stau und hast Radio gehört, nur ohne Gott. Zu Hause hast du geduscht und dich dann abgetrocknet, nur ohne Gott. Du hast dir in der Küche ein Butterbrot geschmiert und es mit Käse belegt, nur alles, alles ohne Gott."

„Wir haben verstanden", rief ein Gelehrter. „Lassen wir es nie so weit kommen. Muss Gott erst noch mal seinen Sohn opfern, um uns zurück zum Glauben zu führen?"

Alle schüttelten den Kopf, und der mit seiner Rede gewachsene Junge brachte seine Beschreibung einer gottlosen Welt auf den Punkt und flüsterte fast nur noch: „Im Bademantel saßest du vor dem Fernseher und hast dir einen Film angeschaut, von dem man gute Laune bekommen sollte, nur ohne Gott. Manchmal hast du lachen müssen, nur ohne Gott. Später hast du dir die Zähne drei Minuten lang geputzt und hast auf deinem Kopf ein graues Haar gefunden, nur ohne Gott. Als du im Bett lagst, hast du noch ein wenig gelesen, nur ohne Gott. Draußen war es dunkel geworden, du konntest den Mond sehen, nur ohne Gott. Plötzlich hast du an Beate gedacht und ihr Lächeln gespürt, nur ohne Gott. Später träumtest du von deinem Tag, nur ohne Gott. Dann wurdest du wach, nur alles, alles ohne Gott."

„Nur alles, alles ohne Gott", riefen alle. „Nur alles, alles ohne Gott."

„So wäre die Welt ohne Gott", raunte der Erzähler und ging wieder durch das Schiff, um sich erschöpft auf den Stufen vor dem Altar niederzulassen.

Die Gelehrten sprangen auf. Nichts hielt sie mehr auf den Bänken. Alle, die vorher noch gezweifelt hatten, nickten nun und zeigten ihre Zustimmung. Schließlich brach ein Jubel aus, und alle applaudierten dem Wortführer. „So ist es", sagten alle. „Unglaublich", riefen einige. Und allen Menschen wurde klar, Gottes Welt ist wunderbar.

Ich las meine Geschichte wieder und wieder. Ich selbst mochte den Schluss immer weniger. „Und allen Menschen wurde klar, Gottes Welt ist wunderbar“ doppelte eigentlich den sowieso schon euphorischen Abgesang. Ich verstand nicht, warum Gott und mein Lektor Bruno von Kettelbach davon so berauscht waren. Vielleicht konnte man noch bei der Buchabnahme diesen Satz verschwinden lassen, bevor er die Essenz meines Buches auf diesen schlichten Nenner brachte.

18

Von der Erschaffung der Welt

Ich hatte nicht gut geschlafen. War ich besorgt über das Gelingen meines Treffens mit Ingrid? Ja, so war es wohl. Ich reckte und streckte mich und schaute mich um. Wo war Gott? Als ich aufstand, fand ich Gott in der Küche. Natürlich, alles Leben spielte sich in der Küche ab, dort standen wir und tranken einen Kaffee oder schauten den Katzen zu, wie sie den Kratzbaum mieden.

Ich hatte einen ziemlich sonderbaren Traum gehabt. Ich war darin ganz alleine auf der Welt gewesen. Obwohl ich überall dort nachschaute, wo sonst immer alle waren, traf ich diesmal niemanden an. Wo waren sie denn? Ich rief ganz laut: „Wo sind denn heute die anderen? Die Spaßmacher und Glücklichmacher, die Geldverschenker und Heilsbringer? Wo sind denn heute all die Gesundmacher, Gutelaunebringer und Wunderheiler? Wo sind sie denn alle, die Tanzaufforderer und Zuhörer und die Mitleidempfinder? Wo sind die denn heute? Wo sind sie?“ Ich lief dann alleine umher und hatte keine Freude am Leben. Man ist nicht auf der Welt, um alleine zu sein. Das mag manchmal ein idealer Zustand sein, aber auf Dauer fehlen sogar die, die sonst immer nur nerven. Das war ein Alptraum. Ich war froh, dass Gott mich wie immer freundlich grüßte und mir einen Kaffee anbot. Man weiß doch nie so genau, ob nach einem Traum noch alles beim Alten geblieben ist. Gott stand hinter Ekki, der auf dem Tisch seinen Laptop aufgebaut hatte.

„Hier ist sie", sagte Ekki und strich seinen Bart glatt. „Moment, ich habe sie gleich."

Ekki war jetzt öfters bei uns. Ich wusste gar nicht mehr, ob er und Bärbel noch zusammen waren, aber es schien ihm bei uns so gut zu gefallen, dass er gerne hier „abhing". Noch freuten wir uns, wenn wir ihn sahen. Er reparierte alles, was kaputtgegangen war, und davon hatten wir bei uns genug herumstehen. Außerdem, wo Gott Gast war, standen alle Türen ganz weit offen.

„Wo ist denn Bärbel?", fragte ich.

Ekki zuckte mit den Schultern, als hätte ich nach dem Sinn des Lebens gefragt, schaute weiter auf den Bildschirm und scrollte mit der Maus herum.

„Hier ist sie nun aber wirklich", sagte Ekki und setzte sich aufrecht vor den Bildschirm hin.

Ich schaute auf den Computer. Ekki hatte eine Seite aufgerufen, die „Von der Erschaffung der Welt" berichtete. Das war natürlich ein Thema, das Gott interessierte. Computernutzer konnten hier Dampf ablassen und über die Welt herziehen, die Gott erschaffen hatte.

„Willst du dir das wirklich antun?", fragte ich Gott.

„Ich kann einiges ab", sagte Gott und stützte sich auf dem Tisch auf.

„Gregor hat recht", sagte Ekki. „Das Internet ist keine Kuschelzone. Da geht es manchmal ganz schön zur Sache."

Gott schüttelte den Kopf, als wäre er Schlimmeres gewöhnt. Ich schaute ihm über die Schulter. Jeder Benutzer konnte fünf Sterne abgeben, um seine Meinung zur Erschaffung der Welt zu äußern. Das sah nicht gut aus. Eine Janina fand die Erschaffung der Welt „teilweise gelungen". Sie gab dafür immerhin drei Sterne und schrieb: „Wenn man überlegt, dass Gott nur sieben Tage für die Erschaffung der Welt zur Verfügung hatte, muss man nicht klagen. Natürlich kann man alles noch besser machen, gerade mit dem Wissen von heute. Wenn Schafe zum Beispiel unterschiedliche Farben hätten, bräuchte man ihre Wolle nicht zu färben."

Gott schaute mich ratlos an. „71 Personen fanden diese Information hilfreich", murmelte Gott. „Aber die Idee mit der bunten Wolle werde ich mir merken."

„Ich hatte dich gewarnt", sagte ich. „Hier kann jeder den größten Unsinn verzapfen."

Ekki lachte plötzlich laut auf und sagte: „Hört mal. Hier hat ein Patrick was zu melden." Er las Patricks Kommentar vor: „Es gibt zu viele Berge in den Alpen. Warum konnte man sie nicht gerechter verteilen? Überhaupt hätte man darauf achten können, dass die Menschen mehr Sonne bekommen. Warum ist vieles nicht gleich da? Warum muss alles mühselig wachsen und gedeihen? Wenn Kinder früher erwachsen werden würden, könnten sie eher Verantwortung übernehmen."

Ich hatte auch etwas gefunden, das ein gewisser Stoneboy vor sechs Monaten veröffentlicht hatte:

„Was will man zur Erschaffung der Welt schon sagen. Gut, besser, am besten. Danke."

Gott klatschte in die Hände. Ich war froh, ihm unter den vielen wirren Botschaften auch mal ein „Danke" präsentieren zu können.

Doch der Frieden währte nicht lange. Ekki hatte wieder ein anderes Statement entdeckt. „Warum können Zecken und Bremsen nicht irgendetwas ausstrahlen, weswegen man sie gernhaben könnte?", las er. „Warum kitzelt es nicht nur, wenn sie beißen? "

Gott nickte, als könnte er sich dort durchaus Nachbesserungen beim nächsten Weltenplan vorstellen. Was wir Menschen alles für Ideen hatten – da war eine solche Seite eine gute Möglichkeit, sich mal auszutoben. Man durfte wahrscheinlich nicht alles, was dort stand, zu ernst nehmen. Ich hätte auch in dem Forum von meinem Traum erzählen können, aber dort wäre mein Alleinsein bestimmt komisch aufgestoßen. Im Netz war man ja auch allein, aber zusammen mit hunderttausend anderen.

Gott hatte etwas gefunden, das ihn erheiterte. Ein Nutzer mit dem Usernamen „Sauerland" nutzte die Seite, um vor allen Dingen seine eigene Originalität zu zeigen: „Vieles in der Welt ist nicht eindeutig definiert", bemängelte er. „Ab wann darf sich eine Verlängerungsschnur eine Verlängerungsschnur nennen? Ab wann ist ein Hochsitz ein Hochsitz? Ab wann brauchen Stufen ein Geländer, und ab wann dürfen Kinder allein vor dem Fernseher sitzen?"

Ekki verdrehte die Augen, als wüsste er auf alle Fragen eine Antwort, fand aber die Beantwortung nicht so wichtig. Wir scrollten uns durch die Seiten.

Gott wollte alles sehen und lesen. Da hatte er ein dickes Fell.

„Wenn ich Gott wäre, würde ich die Bodenschätze gerechter verteilen. Die Berge würde ich der Größe nach anordnen, und die Meere wären viereckig."

Je mehr wir lasen, umso hilfloser erschienen uns diese Beteiligungsversuche an der Schöpfung. Manchmal ging es auch nur um einfache Benimmregeln wie: „Darf man sich mit einer Serviette die Nase putzen? Ich denke, schon, aber nur, wenn man weiß, dass es sich dabei um eine Serviette handelt, und man sich vorher bemüht hat, ein richtiges Taschentuch zu bekommen."

So ging es weiter und weiter. Wir lachten schon nicht mehr darüber.

„Wie viele Sterne habe ich denn?", fragte Gott. „Wie wurde meine Erschaffung der Welt beurteilt?"

„Insgesamt?", fragte Ekki.

Gott nickte. Ekki schaute auf der Seite nach.

„Du hast insgesamt zweieinhalb Sterne", sagte er.

Gott schaute uns an.

„Ist das gut?", fragte Gott.

„Wenn man von fünf möglichen Sternen zweieinhalb Sterne bekommen hat, ist das schon ...", sagte Ekki.

„... ein ganz vorzeigbares Ergebnis, oder?", beschwichtigte ich ein wenig.

Wir nickten uns zu, als wollten wir Gott Mut machen und zumindest ein wenig Anerkennung spenden.

Am Abend standen Ekki, Gott und ich auf dem Balkon und schauten in den klaren Sternenhimmel. Ekki rauchte eine Zigarette und fragte, ob wir auch mal ziehen wollten. Gott wollte, ich nicht. Gott nahm einen Zug und hustete, weil er das Rauchen nicht gewohnt war. Gott schaute mich an. Ich kannte Gott inzwischen gut genug, um zu wissen, dass er etwas auf dem Herzen hatte. Ich spürte, dass Gott durch den Ausflug ins Internet nachdenklich gestimmt war.

„Lass es gut sein", sagte Ekki und nahm noch einen tiefen Zug von seiner Zigarette. „Es ist schon besser, dass wir nicht an der Erschaffung der Welt beteiligt waren. Wahrscheinlich wüssten wir dann nicht mehr, wo oben oder unten ist, und würden uns gegenseitig nur umbringen."

Ich stimmte zu. „Zweieinhalb Sterne sind nicht so schlecht", beschwichtigte ich Gott. „Schau mal, wie viele Sterne du vom Universum bekommen hast."

Wir schauten zum Himmel. Der Himmel war voller Sterne, die strahlten und funkelten. „Stimmt", sagte Gott. „Mit der Bewertung bin ich voll zufrieden."

19

Entschuldigung

Wenn das Wetter wieder schön wird und nach trübsinnigen Regentagen die Sonne scheint, muss man das ausnutzen. Da lass ich dann Arbeit mal Arbeit sein und besinne mich auf die Dinge, die man früher an solchen Tagen oft und gern gemacht hat. Ein Besuch von Gott ist immer ein guter Anlass, eingespielte Verhaltensmuster zu überdenken und die Freuden des Alltags neu zu entfalten. Ich konnte mich zum Beispiel nicht mehr erinnern, wann ich zum letzten Mal das Rolandsbad besucht hatte. Unser Freibad war inzwischen komplett renoviert worden und nannte sich nun „Erlebnisbad", eine Bezeichnung, die mich mehr abschreckte als anlockte.

„Wie wäre es denn mal mit einem kleinen Ausflug ins Rolandsbad?", fragte ich.

Wunderlicherweise wurde mein Vorschlag sofort angenommen, und nicht nur Gott, sondern auch Ekki und Bärbel wollten sich mit uns unter die Schwimmer mischen.

„Lassen wir uns in der Sonne braten", rief Ekki, der in seinen kurzen Hosen aussah wie jemand, der noch nicht vollständig angezogen war.

„Wir müssen Sonnencreme mitnehmen", sagte Bärbel. „Wie ich Gott kenne, wird er sich unseren Sonnenstrahlen noch nie ausgesetzt haben."

„Ich habe auch eine sehr empfindliche Haut", sagte Ekki.

Ich kam gerade aus meinem Schlafzimmer und präsentierte stolz meine wiederentdeckte Badehose. Ich hatte sie unter den zu dicken Winterpullovern gefunden, die ich auch nicht mehr anzog.

„Sie passt mir immer noch", sagte ich stolz und drehte mich einmal um mich selbst wie ein Mannequin.

Bärbel staunte mich mit offenem Mund an.

„Ich gehe doch nicht mit", prustete sie schließlich und warf sich lachend auf das Sofa. So langsam erinnerte ich mich wieder daran, dass ich schon damals, als meine Badehose noch modern war, eine gewisse Aufmerksamkeit auf mich gezogen hatte.

„Entschuldige", sagte Bärbel, „aber diese Hose ist tatsächlich der Knaller. Trug man so was mal, um Frauen anzubaggern?"

„Das hatte ich nicht nötig", schmollte ich. „Das sind die ersten Badeshorts, die auf den Markt kamen. Die pumpten sich mit Luft voll, wenn man ins Wasser sprang."

Bärbel schüttelte den Kopf und lachte wieder.

„Entschuldige", sagte sie, „aber das sieht zu komisch aus."

Bärbel ging wieder zum Kühlschrank, um ein Proviantpaket zusammenzustellen. Plötzlich hörten wir sie aufschreien. Sie holte ihr Marmeladenglas aus dem Türfach und zeigte es uns.

„Schimmel", sagte sie. „Auf meiner Lieblingsmarmelade hat sich Schimmel gebildet. Und dabei habe ich immer einen sauberen Löffel für die Marmelade genommen. Wer war mit seinem benutzten Messer in meinem Glas?"

Bärbel war ganz erbost.

„Das passiert halt", versuchte Gott sie zu besänftigen.

„Das passiert halt, das passiert halt", lamentierte Bärbel. „Wie soll man das Schwache schützen, wenn nicht alle an einem Strang ziehen?" Die Marmelade hatte ihre Mutter gekocht, und Bärbel bekam immer einige Gläser davon geschenkt. Sie verteidigte die Marmelade gegen alle unsere Zugriffe und hatte sogar ein „Bärbel"-Schild gemalt und dieses auf das Glas geklebt. Ekki strich seinen Bart, als würde er überlegen.

„Entschuldigung", sagte er. „Vielleicht war ich das mit dem Schimmel."

Bärbel hatte gerade zwei Mineralwasserflaschen in der Hand, die sie sofort wieder auf den Tisch stellte.

„Wie meinst du das?"

„Entschuldigung, ich hab der Versuchung nicht widerstehen können und deine Marmelade probiert."

„Und weiter", bohrte Bärbel unerbittlich weiter.

„Kann sein, dass ich die Marmelade dabei mit meinem schmutzigen Messer aus dem Glas geholt habe."

Bärbel fiel aus allen Wolken.

„Verstehe ich das gerade richtig? Du hast die Marmelade meiner Mama mit einem schmutzigen Messer verunreinigt?"

„Entschuldige", sagte Ekki. „Es tut mir leid."

Gott und ich schauten uns an. Sollten wir den Streit schlichten, oder war die Gefahr zu groß, dann selbst als Angriffsziel ins Visier der Streithähne zu gelangen?

„Er hat sich entschuldigt", sagte Gott. „Was will man mehr?"

Bärbel packte das Mineralwasser in eine Kühlbox und stapelte die schon geschmierten Butterbrote in einer Dose. Plötzlich polterte sie los:

„Was mischt sich Gott da ein? Reicht es nicht, wenn mein Freund mich hintergeht? Bin ich jetzt am Ende auch noch die Böse?"

„Entschuldigung", sagte Gott.

„Entschuldigung", sagte Ekki.

„Entschuldigung", sagte ich, obwohl ich gar nichts getan hatte.

Ekki fuhr uns mit seinem Nightliner zum Rolandsbad. Bärbel hatte sich wieder gefangen, hatte aber jedem mit Schlägen gedroht, der noch mal die Marmelade ihrer Mama anrühren würde. Da die Sonne schien, wunderte es uns nicht, dass noch andere auf die Idee gekommen waren, das Freibad aufzusuchen. Es war voll und so laut, dass man lange suchen musste, um ein halbwegs ruhiges Eckchen zu finden. Wir fanden einen beschaulichen Liegeplatz in der Nähe der Großschachfiguren, um endlich unsere Decken ausspannen zu können. Ekki trug eine Micro-Badehose, was Bärbels gute Laune wieder herstellte.

„Du siehst darin aus wie Anselm Grün", stichelte ich.

„Ich weiß", sagte Ekki stolz und setzte sich im Yogasitz auf die Decke.

Bärbel reichte ihre Sonnencreme herum. Da Ekki vorne von seinem Bart und hinten von seinen langen Haaren geschützt wurde, brauchte er sich nur die Beine einzureiben. Bärbel trug einen schlichten Bikini, auf dem Katzen aufgedruckt waren. Gott ließ seinen Trainingsanzug an und begnügte sich damit, „dabei" zu sein.

„Erst mal gucken, dann mal sehen", hatte er die westfälische Lebensphilosophie tief verinnerlicht.

Als Erstes holte sich Gott am Kiosk ein heißes Würstchen mit Kartoffelsalat, weil ich ihm gesagt hatte, man wäre nicht in einem Freibad gewesen, wenn man das nicht mal ausprobiert hätte.

„Das schmeckt himmlisch", schwärmte Gott.

„Und warum mache ich mir die ganze Arbeit mit den Butterbroten?", maulte Bärbel.

„Entschuldigung", sagte Gott und biss vergnügt in sein Würstchen.

„Entschuldigung", sagte ich ich und biss ebenfalls in das Würstchen, das Gott mir hingehalten hatte.

„Angenommen", sagte Bärbel nach kurzem Zögern, gähnte und streckte sich auf der Decke aus.

Wir genossen die Sonne, Ekki spielte mit einem der Bademeister, Herrn Schopohl, Schach, und Gott schaute zu. Ich lag bei Bärbel und liebte es, an nichts denken zu müssen. Bärbel hatte die Augen geschlossen und schlief. Mit geschlossenen Augen sah die Welt gleich viel schöner aus. Man träumt und vergisst, was einen sonst beschäftigte. Für morgen war mein Streuselkuchenessen mit Ingrid geplant. Wenn ich nur daran dachte, bekam ich Magenschmerzen. Ich schlug die Augen wieder auf – ich musste zwischendurch kurz eingeschlafen sein.

„Wie schön, dass man sich entschuldigen kann", sagte Gott plötzlich. Er knabberte an einem von Bärbels Butterbroten, und man sah, dass er es nur ihr zuliebe ausgepackt hatte.

Herr Schopohl, der Bademeister, nickte. Er hatte gerade einen der feindlichen Bauern geschlagen und trug ihn aus dem Schachspiel.

„Da muss ich Ihnen recht geben. Natürlich macht man Fehler und verletzt andere unbewusst oder gar bewusst. Da ist es gut, wenn man sich entschuldigen kann."

„Entschuldigung", sagte Ekki und stellte seine Dame so auf, dass der Bademeister schachmatt war.

Alle waren erstaunt über Ekkis Schachkünste, selbst Ekki konnte sein Glück kaum fassen.

„Tut mir echt leid", sagte Ekki noch einmal, da er bemerkt hatte, wie fassungslos Herr Schopohl auf die Dame starrte.

„So muss es sein", sagte Gott. „So verschmerzt man doch eher eine Niederlage und nimmt auch mal eine Ungerechtigkeit in Kauf."

„Es geht so", sagte der Bademeister beleidigt.

Herr Schopohl stellte sein Megafon auf den Boden, welches er für aktuelle Durchsagen einsetzte, und schüttelte den Kopf. Schließlich lief er auf dem Schachfeld hin und her und konnte sein Scheitern nicht fassen. Ich stand auf, lief zum Spielfeld und sah es auch. Ekki hatte gewonnen. Ich umarmte ihn und lobte seine Spieltaktik. Plötzlich blieb der Bademeister vor mir stehen. Er schaute mich von oben bis unten an und zeigte mit dem ausgestreckten Finger auf mich.

„Dich kenne ich doch", sagte Herr Schopohl.

Ich überlegte, wann ich das letzte Mal im Rolandsbad gewesen war. Konnte es sein, dass schon damals Herr Schopohl auf Gesundheit und Wohl der Schwimmer und Nichtschwimmer geachtet hatte?

„Ich kann mich an deine Badehose erinnern", sagte der Bademeister. „Kann es sein, dass sie sich beim Sprung ins Wasser mit Luft vollpumpt?"

Ich verdrehte die Augen. Bärbel hatte sich ebenfalls zu uns gesellt und wollte sich meine Standpauke auf keinen Fall entgehen lassen. Sie aß dabei einen Joghurt und zwinkerte mich an.

„Ich kann mich noch gut an dich erinnern", fuhr der Bademeister fort. „Sag mal, hast du damals nicht ein Freibadverbot erhalten?"

Ich seufzte. Das konnte schon sein. Wir waren als Jugendliche wild und frech und hatten jede Gelegenheit genutzt, den Bademeister zu ärgern.

„Das ist doch so lange her", sagte ich. „Ich kann mich an nichts mehr erinnern."

Bärbel stellte sich ostentativ neben den Bademeister, als wollte sie für seine Position Partei ergreifen.

„Soweit ich weiß", sagte der Bademeister, „gibt es für ein Freibadverbot keine Verjährungsfrist."

Bärbel lachte. „Ha, du hast hier Hausverbot? Das ist ja völlig krass."

Der Bademeister tippte sich mit dem Zeigefinger an die Schläfe, als wollte er auf diese Weise sein Gedächtnis trainieren.

„Er ist, wenn ich mich richtig erinnere, nicht meinen Aufforderungen nachgekommen und trotzdem dauernd vom Rand gesprungen."

Herr Schopohl war sich seiner Sache sicher. Er richtete sich selbstbewusst auf und schien seine Schach-Niederlage überwunden zu haben.

„Und jetzt?", fragte ich genervt. „Kann man diese Sache nicht irgendwie aus der Welt schaffen?"

„Sag du es mir", sagte der Bademeister. „Ich weiß nicht, wie eine Gemeinschaft ohne Regeln funktionieren soll."

Bärbel nickte, als würde sie den Mann in allem, was er sagte, unterstützen.

„Ich habe auch Hausverbot", sagte Gott. „Ich darf mich nicht mehr im Fruchtparadies sehen lassen."

Ich schaute Gott an und sagte nichts. Ich kam mir in meiner Badehose wieder wie damals vor, als ich jung war und Eindruck schinden wollte. Gott stellte sich zu mir, als wolle er auf meiner Seite sein. Der Bademeister rückte inzwischen die Schachfiguren auf die Anfangspositionen, als hätte er keine Zeit für solche Banalitäten. „Ich fühle mich nicht ernst genommen", flüsterte er. „Wenn ich euch erzählen würde, wie oft ich dem Spott und den Streichen der Kids ausgesetzt bin …"

„Sie sind ein guter Typ, Herr Schopohl", sagte Gott.

Gott hatte verstanden, da wollte eine geschundene Seele getröstet werden. Da brauchte jemand Zuneigung und Verständnis. Gott stupste mich an und flüsterte: „Lass uns die Sache ein für alle Mal klären."

Ich stöhnte auf. Das hatte mir noch gefehlt.

„Los, sag was", drängelte Gott.

Ich schüttelte den Kopf, widersetzte mich innerlich und gab scheinbar nach. Selten war mir in meinem Leben etwas so schwer gefallen, aber was machte man nicht alles, um Gott zu gefallen.

„Entschuldigung", flüsterte ich schließlich.

Der Bademeister drehte sich um, als hätte er aus weiter Ferne einen Hilfeschrei aus dem Nichtschwimmerbecken vernommen.

„Ich habe nichts gehört", sagte der Herr Schopohl. „Habt ihr was gehört?"

Bärbel und Ekki schüttelten wie abgesprochen den Kopf.

„Wir haben auch nichts gehört."

Ich dachte nur, bei solchen Freunden kann ich auch Trost bei meinen Feinden suchen. Gott stupste mich wieder an. „Ist ja gut", zischte ich.

Ich verneigte mich vor Herrn Schopohl.

„Entschuldigung", sagte ich etwas bestimmter.

Der Bademeister tat wieder so, als wäre da nichts gewesen. Nun reichte es mir. Ich wollte der Sache ein Ende machen. Ich nahm sein Megafon vom Boden, schaltete es ein, damit mich alle hören konnten.

„Entschuldigung. Es tut mir leid. Ich habe gefehlt. Es ist nicht richtig, vom Rand ins Becken zu springen. Mein Freibadverbot war deshalb völlig angebracht. Nun habe ich aber dazugelernt. Ich bin älter und reifer geworden. Ich weiß, wie schwer die Aufgaben eines Bademeisters sind."

„Kann ich das noch mal haben? Ich war gerade abgelenkt", sagte der Bademeister.

„Ich weiß, wie schwer die Aufgaben des Bademeisters sind", ließ ich noch einmal für alle hörbar durch das Megafon klingen. „Die Welt ist voller Ablenkungen, aber er muss immer auf Zack sein. Das Wenigste, was wir ihm entgegenbringen können, sind unser Respekt und unsere Entschuldigung für manche Flapsigkeiten, die sich im Umgang mit ihm anhäufen. Ich sage deshalb noch mal, dass ich frühere Entgleisungen bereue und dafür um Entschuldigung bitte."

„Geht doch", sagte Herr Schopohl und nahm gerührt das Megafon wieder an sich.

Gott schaute mich an.

„Das hast du gut gemacht", sagte er. „Eine ehrliche Entschuldigung kann die Welt verändern."

„Und ihr?", fragte ich Bärbel und Ekki. „Hat es euch Spaß gemacht, mich leiden zu sehen?"

Die beiden schauten sich grinsend an und sagten dann, wie aus einem Munde: „Entschuldigung."

20

Mein Treffen mit Ingrid

Ekki steckte mir ein Hörgerät ins Ohr. Seitdem er nicht mehr so richtig mit Bärbel zusammen war, hatte er viel Zeit für uns. Der Ohrenstöpsel war so klein, dass man ihn nicht von außen sehen konnte.

„Jetzt sag mal was“, sagte er.

Ekki reichte Gott ein kleines Mikrofon, das Gott an seiner Trainingsjacke festklemmen konnte. Wir warteten auf Gottes Stimme. Wir hörten das Brummen des Kühlschranks und das Röcheln der Kaffeemaschine, aber sonst war es still. Keiner sagte was. Gott überlegte, schaute Ekki an und dann schließlich mich.

„Was soll ich denn sagen?“, fragte Gott.

Ekki seufzte und regelte etwas an seinem Mischpult.

„Das ist doch völlig egal“, sagte er. „Ich will nur den Ton aussteuern. Gregor muss ein Gefühl für die Lautstärke bekommen.“

Ich nickte, drückte die Hörmuschel fester in mein Ohr und wunderte mich, auf was ich mich da wieder eingelassen hatte. Gott überlegte. Das konnte dauern.

„Schüttel mal den Kopf“, sagte Ekki zu mir.

Ich schüttelte den Kopf hin und her. Das Hörgerät hielt. In zwei Stunden hatte ich das Treffen mit Ingrid und war jetzt schon aufgeregter als ein Teenager. Ekki hatte die Idee gehabt, auf Nummer sicher zu gehen. Er kannte sich aus mit Verstärkern, Mikrofonen und Abhöraktionen. Gott sollte mir beispringen, falls ich keinen Ton herausbringen würde. Gott sollte mir soufflieren, wenn ich mich wieder anstellte wie ein Elefant im Porzellanladen.

„Mit der Liebe kenne ich mich aus“, hatte Gott gesagt, und nun stand Gott bei unserem Kratzbaum und wusste nicht mehr, was man sagen musste. Das fing ja gut an.

„Es ist völlig egal, was du sagst“, erklärte Ekki noch mal. „Nur wenn ihr später bei Weyhers seid, musst du wissen, was du Gregor ins Ohr flüstern musst, damit die Tussi …“

„Ingrid“, sagte ich. „Sie heißt Ingrid.“

Ekki verdrehte die Augen.

„Ist ja gut“, sagte Ekki. „Damit dann diese Tussi Ingrid beturtelt werden kann.“

Gott nickte aufgeregt und rückte hektisch das Mikrofon zurecht. Das wurde in meinem Ohr aber so tausendfach verstärkt wiedergegeben, dass ich dachte, jemand wolle ein Loch in mein Gehirn sprengen. Ich stöhnte erschrocken auf.

„Entschuldigung“, sagten Ekki und Gott gleichzeitig. Ekki regelte die Lautstärke herunter und hustete anfallartig, als könnte Krach nur mit Krach bekämpft werden.

„Großartig“, sagte ich. „Das A-Team ist wieder in Höchstform.“

„Ich weiß, was ich nun sagen kann“, ließ sich Gott plötzlich vernehmen.

Ekki trank einen Schluck von seinem Kaffee, strich sich durch den Bart und behielt die Regler für die Lautstärke im Auge. Was würde Gott sagen? Ich war gespannt wie ein Flitzebogen. Gott schloss die Augen und flüsterte:

„Wer ist, die da erscheint wie das Morgenrot, wie der Mond so schön, strahlend rein wie die Sonne, prächtig wie Himmelsbilder?"

„Schön", sagte ich. Das ist echt schön." Ich war erschüttert und wusste nun auch nicht mehr, was ich sagen sollte. Die plötzliche Ergriffenheit war so stark, dass selbst Coppenrath und Wiese, die beiden Katzen, unter dem Sofa hervorgekrabbelt kamen, um zu sehen, was passiert war.

„Das ist aus der Bibel", sagte Gott. „Es stammt aus dem Hohelied Salomos. Kennt man doch."

Wir nickten. Ich schaute Ekki an. Er kannte es wirklich.

„Mit so was kannst du jede Frau becircen", sagte Ekki.

Ich lief in mein Zimmer und suchte im Alten Testament nach dem Text. So besangen sich Mann und Frau, die füreinander entflammt waren. Davon konnte man nur lernen. Wie im Rausch las ich die Bibelstellen und fühlte mich gut. Nun konnte es losgehen. Wir waren so weit. Ich bekam noch unauffällig ein Mikrofon an das Revers meines Blazers geklemmt, damit die beiden hören konnten, was mir bestimmt gleich nicht einfallen wollte, und dann fuhren wir mit Ekkis Nightliner zum Haxtergrund.

Es war ein reiner Sonnentag, als mich Ekki und Gott vor dem Gasthof Weyher absetzten. Ingrid saß draußen unter einem Sonnenschirm und hatte einen Cappuccino vor sich stehen. Die Luft war so mild, der Himmel grüßte so blau, dass uns das leichte

Wehen des Windes fast zu harmonisch vorkam. Eigentlich müssten nun Mücken, Bremsen und Zecken den Frieden stören, damit die Schönheit überhaupt auszuhalten war.

Ich war bereit und eingestimmt. Der Ohrenstöpsel drückte, doch ich ließ mir nichts anmerken. „Du machst das schon", hörte ich Ekki mich unterstützen. Die Verbindung klappte. Ich kam mir vor wie in einem Agentenfilm.

Ingrid stand auf, als sie mich kommen sah, und umarmte mich. Sie trug ein gelbes Kopftuch über ihren roten Haaren und setzte ihre grüne Sonnenbrille auf, als ich vor ihr Platz genommen hatte.

„Ich habe mich draußen hingesetzt", sagte Ingrid. „Ich hoffe, es ist dir recht."

„Ja", hörte ich die Stimme von Gott in meiner Ohrmuschel.

„Ja", wiederholte ich Gottes „Ja" und hätte mir eine originellere Antwort gewünscht.

Ich überlegte kurz, ob ich mir meinen Pullover ausziehen sollte, aber dann wollte ich abwarten, bis die Hitze mir diese Entscheidung abnehmen würde. Ingrid schaute mich an, als ob ich noch etwas sagen sollte, aber ich wusste nicht, was. Zwei Spatzen saßen auf dem Tisch und näherten sich dem Unterteller, auf dem Ingrids Cappuccino stand und ein Keks lag.

„Die Sonne scheint so freundlich", sagte Ingrid. „Du hast schon richtig Farbe bekommen."

„Schau mich nicht so an, weil ich gebräunt bin. Die Sonne hat mich verbrannt", hörte ich Gottes Stimme in meinem Ohr. War das auch aus dem Hohelied Salomos? Das konnte ich so nicht sagen.*

---

*Ja, ist es! Das Hohelied, Kapitel 1, Vers 6.

„Ich habe empfindliche Haut", sagte ich stattdessen, „aber unter einem Sonnenschirm kann man sich aussuchen, ob man in der Sonne sitzen will oder im Schatten."

Herr Weyher kam an unseren Tisch. Er stellte ein Tablett mit zwei Suppen ab.

„Probiert mal", sagte er. „Ich habe mir gerade eine Suppe gemacht, die müsst ihr unbedingt probieren. Sie ist mit Liebe gemacht."

Beim Wort „Liebe" wurde Gott wieder aktiv.

„Denn Liebe ist stark wie der Tod und Leidenschaft, unwiderstehlich wie das Totenreich. Ihre Glut ist feurig und eine Flamme des Herrn, sodass auch viele Wasser die Liebe nicht auslöschen und Ströme sie nicht ertränken können."

Das Hohelied war wirklich in allen Lebenslagen anzuwenden. Nur konnte ich dieses Zitat auf keinen Fall auf die Suppe von Herrn Weyher münzen.

„Da sagen wir nicht ‚nein'", stammelte ich stattdessen. Herr Weyher lachte und begann wieder mit seinem normalen Verwöhnprogramm. Er wusste, wie man andere glücklich macht. Von seiner Güte konnte man nur lernen.

Ich bestellte einen Kaffee. Natürlich waren wir zum Streuselkuchenessen gekommen und wollten uns damit verwöhnen lassen. Zuerst aber löffelten wir still unsere Probier-Suppe, und außer einem „Mmmh" bekamen wir kein Gespräch zustande. Wie ging das noch mal? fragte ich mich. Wie lernt man einen Menschen kennen, wenn man innerlich zu aufgewühlt ist, um überhaupt atmen zu können?

„Schön bist du, meine Freundin, ja, du bist schön", hörte ich Gottes Stimme mir ein Thema vorgeben. Sollte ich so unser Gespräch beginnen? Würde sie nicht mein Schmeicheln durchschauen? Gott gab nicht auf und bombardierte mich mit weiteren Gesprächsvorschlägen aus dem Hohelied:

„Hinter dem Schleier deine Augen wie Tauben. Dein Haar gleicht einer Herde von Ziegen, die herabzieht von Gileads Bergen. Deine Zähne sind wie eine Herde frisch geschorener Schafe, die aus der Schwemme steigen. Jeder Zahn hat sein Gegenstück, keinem fehlt es. Rote Bänder sind deine Lippen; lieblich ist dein Mund."

„Schön, dass das mal geklappt hat", übersetzte ich sehr frei.

Herr Weyher brachte unsere Bestellung. Der Streuselkuchen funkelte im reinen Licht. Der Tag schien dafür gemacht zu sein, die Schönheiten des Lebens zu entdecken. Herr Weyher hatte in der Zwischenzeit einen Tisch in der Sitzecke neben uns eingedeckt. Ein weißes Tischtuch, bunte Servietten und ein Strauß roter Rosen erwarteten neue Gäste. Eine dreistöckige Hochzeitstorte, die gerade auf einem Buffetwagen hereingefahren wurde, erklärte den Tischschmuck.

„Manche kriegen nie genug", sagte Herr Weyher. „Der Bräutigam hat schon zwei Probeläufe hinter sich."

Kichernd widmete er sich wieder seiner Arbeit.

„Manchmal muss man etwas riskieren", sagte Ingrid zu mir, „sonst erfährt man nie, wo man steht."

Das kann ich auch, dachte ich. Das Theater musste gestoppt werden. Ich musste mit ehrlichen Karten spielen. Ich konnte auch mal was riskieren und zog mir den Stöpsel aus meinem Ohr.

„Was ist denn das?", fragte Ingrid erstaunt.

Ich schaute sie an und errötete vor Scham.

„Gott wollte mir helfen", flüsterte ich. „Gott und Ekki. Sie sitzen hinter der Diele im Nightliner und hoffen, dass ich nichts vermassele."

„Uiiih", hörte ich Gott und Ekki durch den kleinen Lautsprecher seufzen.

„Gott hat mir die schönsten Stellen aus dem Hohelied ans Herz gelegt", erklärte ich.

Ingrid stand auf. Wollte sie gehen?

„Wie es scheint, habe ich wieder alles falsch gemacht", flüsterte ich.

Hinter uns trudelte die Hochzeitsgesellschaft ein. Ein Alleinunterhalter begann seine Hammondorgel aufzubauen und spielte zur Probe ein Volkslied: „Du, du liegst mir im Herzen, du, du liegst mir im Sinn, du, du machst mir viel Schmerzen, weißt nicht, wie gut ich dir bin."

Das fängt ja gut an", sagte sie. „Ich komme mir vor wie in einem Kinofilm."

Ich riss mein Mikrofon ab und stellte den Sender aus. Nun waren wir unter uns, wenn man davon absah, dass das Brautpaar gerade tanzte und ungefähr vierzig Gäste dazu Beifall klatschten.

„Ich bekomme noch eine Chance?", stammelte ich ungläubig.

Sie nahm wieder Platz, setzte ihre grüne Sonnenbrille ab und aß vom Streuselkuchen – da wusste ich, dass wir wieder von vorne anfangen konnten. Wer Kuchen isst, sucht Frieden.

„Wie sind sie denn, diese schönen Stellen aus dem Hohelied?", fragte Ingrid.

Ich dachte nach. Was hatte Gott erzählt? Ich musste mich erinnern. Ich hatte noch die Bibel vor Augen. Nun kam es darauf an.

„Wer ist, die da erscheint wie das Morgenrot, wie der Mond so schön, strahlend rein wie die Sonne, prächtig wie Himmelsbilder?"

„Oh", sagte Ingrid. „Das ist sehr schön."

Ich hatte alles wieder parat. Das ganze Hohelied. Zeile für Zeile. Alles sprudelte aus mir heraus.

„Deine beiden Brüste sind wie junge Zwillinge von Gazellen, die unter den Lilien weiden. Bis der Tag kühl wird und die Schatten schwinden, will ich zum Myrrhenberge gehen und zum Weihrauchhügel. Du bist wunderbar schön, meine Freundin, und kein Makel ist an dir."

„Oh", sagte Ingrid wieder. „Mehr davon. Sag mir mehr."

Ich gab mein Bestes: „Wie schön sind deine Schritte in den Sandalen, du Edelgeborene. Deiner Hüften Rund ist wie Geschmeide, gefertigt von Künstlerhand. Dein Schoß ist ein rundes Becken, Würzwein mangle ihm nicht. Dein Leib ist ein Weizenhügel, mit Lilien umstellt."

Draußen im Nightliner saßen Gott und Ekki. Ekki erklärte Gott bestimmt gerade den Unterschied zwischen einer RCS-Musikanlage „Digital Sound-Center 100" und einem „Monacor International Akku-Verstärkersystem", und das musste auch mal geklärt werden. Später ließen wir ihnen einen Kaffee bringen, und Herr Weyher brachte auch beiden ein Stück Kuchen. Ich tanzte währenddessen mit Ingrid meinen ersten Tanz. Ekki soll dann beim Kuchenessen gesagt haben: „Herr Weyher kommt bestimmt in den Himmel", und Gott hat dann darauf erwidert: „Gute Idee."

21

Der Gesprächskreis III

Unser Gesprächskreis traf sich wieder. Da draußen die Sonne schien und es selbst um 18.00 Uhr noch warm war, verlagerten wir unser Treffen nach draußen. Neben dem Kindergarten war eine Schule, deren Schulhof man abends nutzen konnte. Obwohl auch andere Gruppen diese Idee hatten, fanden wir hinter dem Basketballfeld eine geschützte Ecke, in der man auch über Gott und die Welt reden konnte. Tina fand es zwar in unserem Keller intimer und vertrauter, aber ich wusste ja, wie schwer sie sich mit allem tat, was neu war.

Wir schauten auf die Rückseite der Sparkasse, wo ein Mann in der offenen Tür stand und eine Zigarette rauchte. Wir warteten noch auf die Zwillinge, die wie immer zu spät kamen. Hatten sie den Zettel gefunden, den wir an der Tür des Gruppenraums befestigt hatten? Udo hatte als Einziger einen Stuhl nach oben getragen, auf dem er nun thronte wie der Gruppenleiter. Gott und ich saßen auf den Stufen der Treppe, die zur Turnhalle führte, und Ingrid und Tina hatten eine Bank geholt, die am Rande des Kinderspielplatzes gestanden hatte.

„Vielleicht sollte ich mal im Keller nachschauen", sagte Gott. „Vielleicht sitzen die Zwillinge unten und warten auf uns."

Gott sprang von der Treppe auf und lief über den Schulhof. Ich schaute Ingrid an, die mich heute mit einem Kuss begrüßt hatte. Sie zeigte auf ihr Ohr und lachte. Ich brauchte ein wenig, um zu verstehen, dass sie auf meine Abhöraktion bei Weyhers anspielte. Ich seufzte. Ich würde mir noch viel Mühe geben müssen, wenn ich ihr Herz ganz und gar erobern wollte.

Udo gähnte. „Ich bin heute so müde", sagte er. „Ich war in meinem ganzen Leben noch nie so müde."

„Immer musst du so übertreiben", neckte Tina ihn. „Lauf doch ein wenig herum oder spiel Basketball, dann wirst du schon wach."

Der Mann aus der Sparkasse setzte sich zu uns. Er hatte sein Jackett ausgezogen, seinen Schlips gelockert und zündete sich wieder eine Zigarette an.

„Ich heiße Huber", sagte er. „Konni Huber. Kann man sich zu Ihnen setzen?"

Er nickte allen zu und gab mir die Hand. Gott kam wieder und schüttelte den Kopf. Gott hatte die Zwillinge nicht gefunden, trug aber einen Basketball unterm Arm, den er Herrn Huber so überraschend zuwarf, dass dieser ihn nicht fangen konnte.

„Das ist Herr Huber", sagte ich.

Herr Huber winkte ab und lief dem Ball hinterher.

„Einfach nur ‚Konni'", sagte er. „Ich habe Feierabend, da brauchen wir nicht so förmlich zu sein."

Herr Huber drückte Udo den Ball in die Hand.

„Können wir nicht einfach anfangen?", fragte Udo. „Die beiden kommen bestimmt nicht mehr."

Udo zirkelte den Ball mit einem Wurf in den Korb, was bei seiner Größe nicht weiter verwunderte. Wir wollten über die Stille reden. Tina hatte sich beklagt, dass das Thema unseres Gesprächskreises „Gott und die Welt" so laut klinge. Lorenz hatte dann eine Rundmail mit der Idee verschickt, dass wir ja auch einfach schweigen könnten. So kamen wir auf die Stille zu sprechen.

„Am Anfang war das Wort", sagte Gott. „Vorher war nichts. Da waren keine Stille und kein Licht. Da war einfach nichts. So fing alles an."

Ingrid und ich schauten uns an. Wir dachten uns schon, dass Gott diese Geschichte erzählen würde. Er erzählte sie oft, als wäre er sich nicht sicher, ob wir über unsere Anfänge Bescheid wüssten.

Udo hatte sich wieder den Basketball geschnappt und warf ihn mir zu.

„Wenn ich mal wirklich Stille hören will, dann lege ich während der Autofahrt eine Heavy-Metal-CD in meinen Player und drehe den Lautstärkeregler auf null. Das, was ich dann höre, ist die Stille."

Ich warf den Basketball Ingrid zu, die ihn gleich an Herrn Huber weitergab.

„Der Augenblick auf dem Bahnhof", sagte sie, „wo der Zug einfährt, die Menschen aus den Waggons stürmen und ich endlich den entdecke, den ich erwartet habe und er mich. Und wenn wir uns dann umarmen, während der Zug abfährt, die Menschen auseinanderlaufen und wir uns weiter umarmen, während wir ganz alleine auf dem Bahnsteig übrig bleiben, bis die Durchsage den nächsten Zug ankündigt. Das ist für mich die Stille."

Wir nickten. Jeder hatte Augenblicke der Stille durchlebt, die vielleicht für andere gar nicht so still erschienen. Manchmal meinten wir damit nur eine

Pause, einen Augenblick der Klarheit, wenn wir von der Stille sprachen. Konni, unser spontaner Gruppenteilnehmer aus der Sparkasse, meldete sich zu Wort: „Mein Bruder ist Hausmeister an einer Grundschule. Manchmal, wenn ich ihn in den großen Ferien besuche und dann dort keine Kinder spielen – das ist für mich die Stille. Eine Schule ohne Kinder in den großen Ferien, das ist die Stille."

„Habe ich schon erzählt, dass am Anfang das Wort war und vorher war da nichts?", fragte Gott. „Man kann sich das heute gar nicht mehr vorstellen."

Ich stupste Gott an und sagte: „Das hast du schon erzählt, aber ich höre die Geschichte immer wieder gerne."

Gott lachte, als hätte er mich nur auf den Arm genommen. Plötzlich bekam ich den Ball zugeworfen und fing ihn im Reflex auf. Jetzt war ich dran. Ich war am Ball.

„Ich habe mal bei Dreharbeiten zu einem Film zuschauen dürfen", sagte ich, „da gab es einen besonderen Augenblick. Die Szene war gerade abgedreht worden. Alle dachten, dass man sich nun trennt, weil gleich Feierabend ist, und dann ruft der Aufnahmeleiter: ‚Bitte absolute Ruhe für die Atmo.' Da wurde es dann still. Alle am Set schwiegen für diese Aufnahme. Alle Schauspieler, die Statisten, der Regisseur, der Kameramann, der Aufnahmeleiter und alle, die hinter den Kulissen für irgendetwas sorgen mussten, schwiegen auf Bitten der Tonleute. Nach absoluter Geschäftigkeit bewegte sich plötzlich keiner mehr, und alles war still, um die Atmosphäre der Welt einfangen zu können. Eine komplette Filmcrew hüllte sich in Schweigen und lauschte der Stille."

Lorenz stand plötzlich vor uns. Wir hatten ihn gar nicht kommen gesehen. Er war ganz verschwitzt und schaute immer hinter sich, als würde er noch jemanden erwarten. Es war so sonderbar, ihn ohne seinen Zwillingsbruder zu sehen, dass wir sofort nach ihm fragten. Man sah Lorenz an, dass er uns kaum wahrnahm. Er war mit den Gedanken und dem Herzen woanders.

„Edgar ist umgefallen", stammelte er schließlich. „Ich komme gerade aus dem Krankenhaus ..."

Wir wussten nicht, was wir sagen sollten. Manchmal ist jedes Wort überflüssig, und es reicht, wenn man nicht wegläuft und sich vor den Übertreibungen der Welt unter einem Sofa versteckt. Wir hätten so noch Ewigkeiten verharren können, wenn Herr Huber uns nicht wieder ins Spiel gebracht hätte. Er warf Lorenz den Ball zu und setzte dadurch das Gespräch in Gang.

„Er ist aus dem Gröbsten raus", sagte Lorenz und klammerte sich an den Ball, „aber ich habe ihm gleich gesagt, dass er das nicht noch mal machen dürfe."

Lorenz hatte Edgar abgeholt, der wie immer ein wenig zu spät dran war, weil er noch seine Werkstatt aufräumen musste. „Plötzlich ist er umgekippt. Einfach so."

Lorenz hatte bei uns auf den Stufen, die zur Turnhalle führten, Platz genommen. „Zum Glück war es nur ein Warnschuss", sagte Lorenz. „Wir sind bald wieder auf dem Damm."

Wir atmeten auf. Lorenz hatte sich wieder gefangen. Er zeigte plötzlich erstaunt auf den Kinderspielplatz.

„Wenn man sich überlegt, dass am Anfang nichts war", sagte er.

„Das ist doch mein Reden", platzte Gott in die Stille. „Am Anfang war nichts."

Gott schüttelte den Kopf, als fordere er unseren Widerspruch heraus.

Tina nickte und machte mit den Händen eine Bewegung, um Himmel und Erde zu zeigen.

„Ihr habt recht", sagte sie, „wenn man sich überlegt, dass am Anfang mal nichts war, dafür geht es."

Wir lachten, auch Lorenz lachte mit, obwohl er gar nicht wusste, worum es ging, und dann schauten wir uns an und schwiegen. Das war die Stille.

22

Die Weltenführung

Ich wollte Gott zeigen, wie gut wir es in unserer Stadt haben. Er sollte einen Eindruck von unserer Fürsorge bekommen. Die Menschen wissen, worauf es im Leben ankommt. Wir haben es uns hier für einen längeren Zeitraum bequem gemacht.

„Ich bin so gespannt", sagte Gott. „Ich habe gar keine Vorstellung, wie dieses Durcheinander klappen kann."

Bärbel saß mit Ekki in der Küche. Sie wollten sich aussprechen, da störten wir nur. Angeblich hatte Ekki immer noch Gefühle für Bärbel, aber so wie sie ihn übersah, gab ich den beiden kaum eine Chance. Vielleicht wollte Ekki nur alles abklären, damit er weiterhin in unserer Küche sitzen durfte, ohne dass sich dann Bärbel schmollend zurückzog.

„Auch wie eure Gemeinschaften funktionieren, ist mir ein Geheimnis", flüsterte Gott, als wir uns auf den Weg machten.

„Das habe ich gehört", rief uns Bärbel nach.

„Da fehlt noch was", flüsterte Gott.

„Und ich mag den nicht", hörten wir noch Bärbels Stimme durchs Haus klingen.

„Nun geht es mir besser", sagte Gott.

Wir gingen zu Fuß. In dieser Stadt war alles zu Fuß zu erreichen. Zu Fuß bekam man auch einen guten Überblick über die Vorlieben seiner Bewohner und über das Funktionieren einer Stadtgemeinschaft. Gott fiel sofort auf, wie viele Bäcker es gab. Die Einwohner dieser Stadt aßen gerne Kuchen, und die Grundernährung durch Brot und Brötchen war gesichert. Natürlich war meine Stadtführung ein wenig geschönt, aber unter dem Strich konnte man spüren, dass wir den Unterschied zwischen Gut und Böse begriffen hatten und uns umeinander kümmerten.

Wir gingen über den Liboriberg zum Ükernviertel, um von dort zur Neuhäuser Straße zu gelangen. Hier war das Steuerbüro Schmerder, das sich seit Jahren um meine Steuerangelegenheiten kümmerte. Was wäre ich denn ohne Herrn Schmerder? Ich würde hilflos durch die Welt irren und wüsste nicht, was Soll und Haben ist. Gott war begeistert.

„Ein Steuerbüro wollte ich immer schon mal sehen."

Ich wusste nicht, ob mich Gott auf den Arm nahm. Der Aufenthalt auf der Erde machte manchen, der damit nicht umgehen konnte, zum Zyniker. Zuerst war Herr Schmerder von meiner Führung überrascht, ließ uns dann aber einen Kaffee bringen und gab uns die Erlaubnis, die Büroräume zu durchforsten und Fragen zu stellen.

„Alles muss sich natürlich im gesetzlichen Rahmen abspielen", sagte Herr Schmerder.

Wir nickten. Das war klar.

Ich stellte Gott also den Mitarbeitern von Herrn Schmerder vor und erzählte, dass ich Gott einen Eindruck von unserem Zusammenleben geben wollte. Wir gingen zuerst in den Keller, wo ich Gott den Raum mit den vielen Aktenordnern zeigte. Hier wurden die Steuererklärungen aller Mandanten gehortet, die mit ihren Steuern für den Bau von Kindergärten und anderen Einrichtungen gesorgt hatten.

„Wenn man so will", sagte ich zu Gott, „ist das hier die Ruhmeshalle des Unternehmens."

„Ich bin beeindruckt", sagte Gott. „Das hätte ich jetzt nicht erwartet."

Wir gingen wieder ins Büro. Die Mitarbeiter von Herrn Schmerder saßen gerade zusammen und verbrachten gemeinsam ihre Frühstückspause. Herr Schmerder spielte gerade etwas auf seiner Blockflöte vor, als wir den Gruppenraum besuchten. Ich flüsterte: „Auf jeden Einzelnen dieser Menschen ist hundertprozentig Verlass. Sie würden alles für ihre Mandanten tun und sogar, wenn Not am Mann wäre, sich mit ihrem eigenen Vermögen verbürgen, um in Krisenzeiten die Menschen zu unterstützen, die sich ihnen anvertraut haben."

„Das ist unglaublich", sagte Gott. „Ich bin gerührt."

„Find erst mal so was", schwärmte ich. „Herr Schmerder ist Gold wert."

„Ein guter Mensch kann die ganze Welt verändern", sagte Gott.

Natürlich wusste ich, dass ich ein wenig übertrieben hatte, aber ich war mir sicher, dass ich von Herrn Schmerder Hilfe in jeder Notlage erwarten konnte. Ich würde das ja auch für ihn tun, wenn ich mich besser im Steuerrecht auskennen würde.

„Danke, Herr Schmerder", rief ich am Ende unseres Rundgangs.

„Nicht dafür", sagte Herr Schmerder. „Denken Sie bitte bei Gelegenheit daran, mir die Unterlagen für die nächste Steuererklärung reinzureichen?"

Wir gingen weiter. Wir wollten wieder in die Innenstadt, dorthin wo das Herz der City schlug. Gott kam aus dem Staunen nicht heraus. Er war ganz berührt davon, wie viele Friseure hier ihr Bestes gaben. Alle standen bereit, ihrer Kundschaft die Haare zu schneiden, um so der Gemeinschaft zu einem schöneren Gesamtbild zu verhelfen.

„Wir weisen keinen ab", rief uns ein Friseur zu.

„Das ehrt Sie", sagte Gott.

Vor einem Friseurgeschäft stand ein Schomberg-Lieferwagen. Im Fahrerhaus saßen zwei Männer, die gerade ihre Mittagspause machten. Die Firma Schomberg kannte man in der Stadt. Neben Sanitär- und Heizungsinstallationen half Schomberg bei allen technischen Problemen, die das Zusammenleben einer Hausgemeinschaft bedrohen konnten. Ein Anruf genügte, und die Gemeinschaftsdusche funktionierte wieder, einmal 61127 gewählt, und schon war die Heizung im Wohnzimmer entlüftet.

„Bei mir hat mal die Besteckschublade geklemmt, Herr Schomberg kam vorbei und hat mir geholfen", sagte ich zu Gott. „Wir hätten sonst unser Essen mit den Fingern essen müssen."

„Das machen wir doch gerne", sagte der Schomberg-Mitarbeiter mit den weißen Haaren. „Wir haben das Know-how und Sie die Probleme."

Gott schüttelte bewundernd den Kopf.

„Wenn die Toilette verstopft ist oder eine Muffe zwei Rohre verbinden soll, dann reicht ein Anruf, und wir stehen vor Ihrer Tür", sagte sein Kollege.

„Natürlich wollen wir mit unserer Arbeit auch Geld verdienen", sagte wieder der Mann mit den weißen Haaren und schmiss eine Bananenschale in den Mülleimer, der direkt neben ihrem geparkten

Auto an einer Straßenlaterne angebracht war. „Aber ein ehrliches Dankeschön macht uns immer noch am glücklichsten."

„Bei uns arbeiten übrigens auch Frauen, die gute Ergebnisse erzielen und auch mal helfen können, wenn jemand auf die Kinder aufpassen soll."

„Und wenn Sie bei mir mal baden wollen", meldete sich wieder der Kollege, „weil bei Ihnen das Wasser nicht heiß wird, dann reicht ein Anruf, und wir freuen uns über Ihren Besuch."

Gott schüttelte wieder den Kopf. „Um euch Menschen muss man sich keine Sorgen machen. Ihr wisst, warum man auf der Welt ist."

Natürlich wusste ich, dass ich ein wenig übertrieben hatte, aber ich war mir sicher, dass ich von Herrn Schomberg Hilfe in jeder Notlage erwarten konnte. Ich würde das ja auch für ihn tun, wenn ich mich besser im Installationswesen auskennen würde.

Froh gestimmt gingen wir zurück. Gott kaufte noch ein Brot, weil Ekki unser Paderborner Brot so gerne aß und wir davon nicht genug im Hause haben konnten.

„Was für eine Kuchenauswahl der Bäcker anbietet. Da kann man ja alles kaufen, was das Herz begehrt. Allein die Puddingteilchen sind ein wahrer Augenschmaus. Wie ich den Bäcker einschätze, wird es auch noch Gebäck vom Vortag zum halben Preis geben", schwärmte Gott.

Ich war heilfroh, dass Gott mit der Welt so zufrieden war. Ich war mir selbst manchmal nicht sicher, ob wir alles zum Guten gestaltet hatten.

Wir standen am Rathausplatz und wollten den Weg nach Hause mit dem Bus zurücklegen. Wie aus dem Nichts stand plötzlich ein lustiger Mann vor uns und machte einen Witz.

„Es ist nur schade, dass der Bäcker auch in der Fastenzeit seine Teilchen anbietet. Das macht es nicht einfacher, den Gelüsten zu entsagen."

Gott klatschte in die Hände und lachte so laut, dass sich viele nach uns umdrehten.

„Das ist Stani", erklärte ich Gott. „Er bereitet gute Laune und dekoriert damit manch tiefere Wahrheit."

Stani verneigte sich so tief, als wollte er eine Bananenschale aufheben, über die er dann doch stolpern würde.

„Ein lustiger Mann", sagte ich. „Er hat alle Tricks auf Lager, und wenn man sich mal allein fühlt, kommt er auch einfach und umarmt dich."

Stani zeigte mit dem Zeigefinger auf Gottes Brust und als Gott zu der Stelle schaute, schob Stani mit dem Finger Gottes Nasenspitze hoch.

„Du bist wirklich ein lustiger Mann", sagte Gott und lachte.

„Moses kam vom Berg herab, um den Wartenden Gottes Botschaft zu verkünden: ‚Also, Leute, es gibt eine gute und eine schlechte Nachricht. Die gute ist: Ich hab ihn runter auf zehn. Die schlechte ist: Ehebruch ist immer noch dabei', sagte Stani.

Wir umarmten uns. Natürlich wusste ich, dass das ein wenig übertrieben war, aber ich war mir sicher, dass ich von Stani Hilfe in jeder Notlage erwarten konnte. Ich würde das ja auch für ihn tun, wenn ich mich besser beim Witzemachen auskennen würde.

Wir lachten. Das Leben war schon wundervoll. Ich musste sogar so lachen, dass ich wach wurde. Vor mir stand Gott.

„Meinetwegen können wir losgehen", sagte Gott. „Ich bin fertig."

„Ich muss wohl eingeschlafen sein", murmelte ich und rieb mir die Augen.

„Du wolltest mir doch die Welt zeigen", sagte Gott.

Ich rieb mir die Augen und gähnte. Ich erinnerte mich an meinen Traum.

„Du wirst dich wundern", sagte ich gut gelaunt. „Du wirst dich wundern."

Wir gingen los.

23

Welt der Wunder, Teil III

„Wenn ich mich freue über das Glück der anderen, dann bin ich auch Gott einen Schritt nähergekommen. Wenn ich aus ganzem Herzen verzeihen kann, dann bin ich auch Gott einen Schritt nähergekommen. Wenn ich so lieben kann, dass ich dabei nur das Glück der anderen vor Augen habe, dann bin ich auch Gott einen Schritt nähergekommen."

Ich wusste nicht, was ich sagen sollte. So schön die Worte klangen, so unpassend erreichten sie mich gerade. Mein Lektor Bruno von Kettelbach vom Wort-Verlag hatte angerufen. Nun stellte er mir seine Ideen für mein Buch vor. Gott schien begeistert zu sein. Wir saßen in Brunos Sitzecke, und die Blätter von meiner letzten Geschichte flatterten auf dem Tisch. Ein riesiger Ventilator stand daneben und sorgte für eine kühle Brise.

„So erreicht man auf jeden Fall die Menschen", sagte Gott.

„Stammen die Aussagen von Anselm?", fragte ich genervt.

Anselm Grün wollte ein Buch beim Wort-Verlag veröffentlichen. Allein dass er dort ein Buch veröffentlichen wollte, war der örtlichen Presse schon eine Mitteilung wert. Ich war es gewohnt, dass sogar meine *fertigen* Bücher bei der Veröffentlichung von den Zeitungen übersehen wurden. Bruno nahm die Blätter vom Tisch und las noch einmal seine Anmerkungen durch.

„Was hast du immer mit Anselm?", murmelte Bruno. „Die Glaubenssätze waren von mir. So was schreibe ich, wenn ich auf einen Termin warte."

Gott und ich waren zu spät gekommen. Gott hatte von Ekki eine Uhr geschenkt bekommen und kam seitdem überall zu spät. Da er diese Uhr für sein Zeitgefühl brauchte, wie er sagte, ging er ohne nicht mehr aus dem Haus. Leider vergaß er meistens, wo er sie hingelegt hatte, und so verloren wir immer wertvolle Zeit mit dem Suchen.

„Ich vermisse in deinen Geschichten immer noch eine eindeutige Haltung", sagte Bruno.

Ich wusste, worauf mein Lektor hinauswollte. Im Grunde war mein Buch ein Fragenkatalog. Die Antworten überließ ich dem Leser. Es waren ja auch meine Fragen, die mir zum Glauben einfielen. Vielleicht gab es auf manche Fragen keine Antworten, aber trotzdem mussten sie doch gestellt werden.

„Ist es nicht rührend, dass wir uns alle, ob Arm oder Reich, aufmachen in unseren schönen bunten Schlafanzügen auf die Reise durch die Nacht?", sagte Bruno. „In unseren Schlafanzügen protzen wir mit unseren verwundbaren Stellen, als verwandle uns die Nacht zu Königen. Menschen in Schlafanzügen sind tabu. Schlüpfen wir hinein in unsere Rüstung. Unsere Schlafuniformen machen uns kenntlich als Armee der Wehrlosen. So ziehen wir los, zaghaft und schüchtern, und decken uns zu."

Gott schaute auf seine Uhr.

„Nun sind wir schon 27 Minuten bei Ihnen", sagte Gott.

Bruno nickte. Er war noch überwältigt von dem eigenen Text. Er schüttelte sich und blickte kurz auf Gottes neue Uhr. Ich war froh, dass Gott noch kein Smartphone besaß. Er hatte jetzt zum ersten Mal mit Karte bezahlt. Wir mussten aufpassen, dass Gott nicht überall das Ende einer Entwicklung vor deren Anfang erlernte. Das ist unmenschlich. Ingrid kam herein und brachte den Kaffee. Wie sonderbar, wenn man so tun musste, als hätte man sich nicht verändert. Ingrid und ich hatten uns kaum begrüßen können und mussten auch im Beisein von Bruno so tun, als würde es mir reichen, dass sie den Kaffee einschenkte.

„Hier wird gearbeitet", stellte sie fest und deutete unser Schweigen als Denkpause. Sie stellte das Tablett auf den Tisch und lächelte mich verstohlen an. Ingrid und ich waren glücklich. Auch wenn noch manches unausgesprochen war, war sicher, dass wir zusammen sein wollten. Als sie das Büro verließ, war es auf einmal kalt. Bruno stellte den Ventilator aus.

„Wie ich sehe, bist du nun mit unserem Verlag nicht nur durch deine Arbeit verbunden", sagte er.

Ich wurde gegen meinen Willen rot. Bruno lachte und warf meine Geschichte auf den Tisch.

„Entschuldige", sagte er, „der Bürofunk sendet auch bei uns."

„Wie schnell die Zeit vergeht", sagte Gott. „Man verliert ganz das Gefühl für die Ewigkeit."

Bruno stand auf und klatschte in die Hände.

„So was meine ich", sagte Bruno. „Da höre ich eine Haltung. Dein Freund hat es drauf."

Ich war ratlos. Was wollte Bruno mir eigentlich sagen? Ich nahm einen Kaffee und hielt auch Gott und Bruno die Thermoskanne unter die Nase, aber beide winkten ab. Ich schaute aus der Fensterfront auf die Stadt. Der Dom war mit Fahnen geschmückt. War schon wieder Libori, unser großes Volksfest? Ich musste mit Gott unbedingt den Pottmarkt besuchen. Wer noch nie auf Libori war, darf sich nicht wundern, wenn er die Welt für einen ungastlichen Ort hielt. Bruno folgte meinen Blicken und lächelte, als wüsste er, was mir durch den Kopf ging.

„Hör zu", sagte er plötzlich, „ich weiß, wie eigen ihr Autoren seid, aber ich habe noch mal über unser Buch nachgedacht."

Jetzt platzte er mit seinen wahren Absichten heraus. Aller Anfang war schwer. Wollte er unser Buchprojekt stoppen?

„Hör dir einfach mal die Idee an", fuhr er fort. „Wie wäre es, wenn wir statt einem Buch über Alltagswunder einfach eine Geschichte daraus machen würden?"

Ich sagte nichts. Gott hielt sich seine neue Uhr ans Ohr, als wollte er dem Ticken lauschen. Wenn es hier irgendwo tickte, dann war es allenfalls die Bombe, die gleich hochgehen würde.

„Die Mandarinen haben keine Kerne mehr, und die Uhren ticken nicht. Wie gut, dass es noch den Herzschlag gibt."

Bruno schaute Gott an, als sähe er ihn zum ersten Mal. Wenn er von dem Gesagten verwirrt war, dann ließ er es sich nicht anmerken. Ich sagte immer noch nichts. Ich wollte Bruno seinen Übergriff nicht erleichtern. Da musste er durch und nicht ich.

„Wie findest du die Idee, wenn Gott auf die Welt kommen würde?", sagte Bruno. „Ich spinne nur herum. Gott käme also auf die Welt und würde sich hier umschauen."

„Warum sollte er das machen?“, fragte Gott. „Was soll das bringen?“

Bruno schüttelte den Kopf. „Ich fabuliere nur. Der Autor, unser Gregor, muss das Ganze natürlich ausarbeiten.“

Ich stand auf und ... setzte mich wieder hin. Gott und Bruno schauten mich an. Bruno schenkte sich nun doch eine Tasse Kaffee ein.

„Und was ist mit den Geschichten, die ich schon für das Buch geschrieben habe?“

„Die baust du ein“, sagte Bruno.

„Die bau ich ein“, wiederholte ich, als wäre das das Leichteste auf der Welt.

Gott besucht die Welt. Die Idee war nicht schlecht. Da könnte ich einiges beschreiben, was mich als Autor fordern würde. Ich tat immer noch sehr unbeteiligt, als würde ich nur noch aus Solidarität mit Anselm Grün diesem Verlag treu bleiben. Insgeheim konnte ich mich kaum vor Begeisterung bremsen und hätte am liebsten gleich losgelegt.

„Darüber muss ich nachdenken“, sagte ich. „Ich kann das nicht so einfach entscheiden.“

Bruno wippte auf seinem Sessel hin und her. Er war erleichtert, dass ich so besonnen reagiert hatte.

„Du hast alle Zeit der Welt“, sagte er. „Wir machen es, wie du willst. Natürlich können wir auch noch mal über einen Vorschuss reden.“

„Also gut“, sagte ich. „Ich versuche es.“

„Alle Achtung“, sagte Gott. „Das ging schnell. Alle Zeit der Welt dauerte bei dir genau sieben Sekunden.“

So war die Menschenzeit. Manchmal sagte man „Hepp“, und ein Hund springt in deine Arme, und manchmal wirft man einen Stock, und niemand bringt ihn wieder. So bekam Gott ein Gefühl von der Zeit.

24

Warum lässt Gott das zu? (für Anselm)

Ich möchte hier meine Geschichte „Warum lässt Gott das zu?" in den Raum werfen. Ich schrieb sie ursprünglich für ein Buch, dessen Ziele sich beim Entstehen so verändert hatten, dass diese Betrachtung den neuen konzeptionellen Rahmen gesprengt hätte. Ich wollte sie trotzdem bewahren, damit die Leser einen Eindruck bekommen können, welche Umwege man manchmal gehen muss, um dann endlich auf den Punkt einer Geschichte zu kommen. Außerdem: Gott fand sie gut. Hier ist sie:

Der Erzähler erhob sich vor den Gelehrten und sprach, als hätte er diese Rede schon oft gehalten und wäre sich ihrer Wirkung sicher: „Es sind die kleinen Wunder, die uns Freude machen. Was wäre der Alltag ohne die Überraschungen, die uns den Tag versüßen und Hoffnung geben, und doch — im Angesicht der kleinen Peinlichkeiten und großen Katastrophen, die uns Tag für Tag begleiten, fragen sich viele zu Recht: Warum lässt Gott das zu?"

Die Gelehrten nickten beifällig. Jeder von ihnen hatte schon Dinge erlebt, die ihn am Dasein des Schöpfers zweifeln ließen. Mancher hatte schon kleinlich an seine eigenen Schicksalsschläge gedacht und geklagt, warum Gott das zulasse: diese Dunkelheit am Abend, diese Kälte im Winter, diese Nässe beim Regen, diesen Schnee, der nicht pappt. Im Großen wie im Kleinen. Der Mensch war so hilflos. Warum lässt Gott das zu?

Der Erzähler kam zur Sache und redete nicht mehr drum herum. Er wollte die Zeit nutzen. „Das fragen sich doch alle", begann er erneut. „Warum lässt Gott das zu? Kein Wind, aber wir wollten einen Drachen steigen lassen." Als erzählte er aus dem Alltag eines leidgeprüften Vaters, fuhr er fort: „Ich darf meinen Sohn nur am Wochenende sehen, und da standen wir nun auf dem Feld und nichts passierte. Keine Freude kam auf und keine Nähe. Warum lässt Gott das zu?"

Der Erzähler machte eine Pause. Er ging zum Altar und zündete bedachtsam eine Kerze an.

Ein Kind rief in die Runde: „Warum lässt Gott es zu, dass am Dienstag nicht die Sonne schien, wo ich doch schon eingecremt war? Wieso lässt Gott die Tür zu, die sich nicht öffnen lässt, obwohl dahinter Geschenke warten? Ein Freund hat mich nicht zu seinem Geburtstag eingeladen, und dann weine ich, und er tröstet mich nicht. Wieso?"

Ein anderes Kind sprang ihm bei und rief: „Warum lässt Gott es zu, dass ich einen Hund so mag, der mir aber nicht gehört? Und warum habe ich eine Hundehaareallergie? Warum lässt Gott das zu?"

Keiner der Anwesenden mochte darauf antworten, aber alle verstanden den Missmut über die kleinen Fährnisse des Lebens. Der Erzähler blies das Streichholz aus und ging zu einer der voll besetzten Bänke. Dort stützte er sich auf und sprach gezielt einen Mann an, als wollte er dessen Gedanken vermitteln: „Warum lässt Gott das zu? Dass sie mich aussperrt, dass sie seit Tagen schweigt, dass sie meine SMS nicht beantwortet, dass sie mir aus dem Weg geht, dass sie meine Bilder von ihrer Facebookseite gelöscht hat und offenbar nicht mehr an mich denkt. Warum lässt Gott das zu?"
Eine Frau stand auf und klagte: „Warum lässt Gott es zu, dass ich vergesse? Warum gibt er mir nicht als Trost die unauslöschbare Erinnerung an einen Menschen, der gestorben ist? Warum vergesse ich seinen Geruch und die Anmut seiner Berührungen? Warum verschwinden die Erinnerungen? Warum lässt Gott das zu?"
Der Erzähler ging zu ihr und umarmte sie.
„Warum lässt Gott es zu?", murmelte er. „Er will, dass wir wissen, dass nichts von Ewigkeit ist außer seiner Liebe. Der Mensch kann nur den Menschen achten, wenn alles vergänglich ist."
„Warum lässt Gott es zu", sagte ein Mann, der in einer der hinteren Reihen Platz genommen hatte, „dass mein Nachbar immer so laute Musik hört, die ich nicht mag? Ich überlege, ob ich ihm nicht meine gesamten Heavy-Metal-CDs schenke, dann kann ich sie bei Partys mithören und muss kein Geld für den Strom bezahlen. Warum werde ich nie auf diese Partys eingeladen? Kann ich etwas dafür, dass mich keiner mag? Warum lässt Gott das zu? Leere

Kirchen, harte Sitze und dass ich nicht an ihn glauben kann."
Alle waren still. Keiner bewegte sich. Sie blieben noch zusammen, obwohl der Erzähler den Raum derweil längst verlassen hatte. Es schien so, als wollte man mit dem eben Dazugelernten nicht alleine sein. Manche Erkenntnisse können auch angsteinflößend sein. Wie wird man dem Leben gerecht? Manchmal gibt man auf und lässt sich von der Macht des Gewöhnlichen hinunterziehen. Schließlich sammelten alle wieder Hoffnung und stimmten gemeinsam ein Gebet an. Das lässt Gott zu. Und allen Menschen wurde klar, Gottes Welt ist wunderbar.

25

Die guten Hirten

Wir wollten Gottes Jahrestag feiern. Wir wollten uns erinnern an den Tag, an dem mir Gott das Du angeboten hatte. Ich sehe Gott noch vor mir, wie er in seinem Tchibo-Trainingsanzug in mein Leben trat. Er hatte inzwischen mehr Auswahl bei seinen Sachen, trug aber immer noch am liebsten seinen Trainingsanzug, wenn er es gemütlich haben wollte. Nun wollten wir ihn feiern. Ich hatte dabei Bärbel fest eingeplant, die als Einzige von uns Muffins backen konnte. Ekki fiel es dann als Erstem auf, dass sie gar nicht da war.

„Wo ist denn Bärbel?", fragte er und fütterte die Katzen.

Ich wusste es nicht. Gott überlegte und konnte sich nur daran erinnern, dass Bärbel ihm vor zwei Tagen eine gute Nacht gewünscht hatte und dann zur Arbeit gegangen war.

„Das hatte mich noch gewundert", sagte Gott. „Wann hat Bärbel mir mal eine gute Nacht gewünscht?"

Ich hatte mit meiner Arbeit zu tun. Das neue Buch für den Wort-Verlag nahm meine ganze Zeit in Anspruch. Es nahm aber so langsam Gestalt an. Ich war zufrieden. Ekki seufzte.

„Wir haben uns am Montag gestritten, aber das ist ja nun auch schon wieder vier Tage her."

Wir saßen auf dem Sofa wie die drei Affen: „Nichts hören, nichts sehen, nichts sagen" und wussten nicht, was wir machen sollten. Es kam öfter vor, dass Bärbel verschwunden war. Manchmal hatte sie sich verliebt oder besuchte ihre Mutter in Soest, aber diesmal wussten wir nicht, wo sie war. Das war kein gutes Gefühl.

„Ich habe noch den doofen Kratzbaum schlechtgemacht, weil ihre blöden Katzen Coppenrath und Wiese nie daran turnten", murmelte Ekki.

„Oh", klagten wir zu dritt.

„Max und Moritz", sagte ich. „Sie heißen Max und Moritz."

Ich konnte auch etwas zum Bärbel-Mobbing beitragen.

„Und ich hatte ihr noch mal ans Herz gelegt, dass sie sich nun langsam was Neues suchen müsse", flüsterte ich und schämte mich.

„Oh", stimmten wir wieder unser Klagelied an.

„Und ich habe ihr zu viel gezeigt, dass ich sie mag", sagte Gott.

„Oh", flüsterten wir und schauten uns kopfschüttelnd an. Klarer Fall, gute Hirten sahen anders aus. Gott sprang von der Couch und schüttelte den Kopf.

„Wir müssen sie suchen", sagte Gott. „Hoffentlich ist ihr nichts passiert.

Ekki nickte. Er hatte ein so schlechtes Gewissen, dass er sich kaum traute, uns anzuschauen. Er ging zum Kühlschrank, auf dem unser Paderborner Brot lag, und schnitt sich verlegen eine Scheibe ab. Er weinte leise.

„Vielleicht hätte ich mich nicht so breitmachen dürfen. Es ist alles meine Schuld."

Ich umarmte Ekki und klopfte ihm auf den Rücken.

„Red keinen Quatsch mit Soße", flüsterte ich. „Du bist unser Schatz. Was würden wir ohne dich machen?"

„Genau", sagte Gott. „Du hast gestern noch meine Uhr repariert."

Ekki rief Bärbels Eltern an, die sie aber auch schon seit einer Woche nicht mehr gesehen hatten.

„Sie meldet sich ja auch nie", beklagte sich ihre Mutter. „Wir wissen gar nicht, was wir dem Kind getan haben."

Ich telefonierte mit der Taxizentrale, die erst keine Informationen über ihre Mitarbeiterin geben wollte, aber dann doch damit herausrückte, dass Bärbel sich krankgemeldet hatte.

„Es ist alles meine Schuld", sagte Ekki.

„Nein, nein, nein", trösteten wir den Brummbären.

„Doch, doch", jammerte er. „Ich hätte bei unserer Trennung mehr leiden müssen."

Das hörte sich alles nicht gut an. Wo konnte Bärbel sein? Sie war launisch und verletzlich. Wir sorgten uns um unsere Mitbewohnerin und beschlossen, sie zu suchen. Nur wann? Ich hatte keine Zeit, weil ich mein neues Buch fertigstellen wollte, Ekki hatte einen Termin beim Arbeitsamt, und Gott trug die Last der ganzen Welt. Wir schüttelten ratlos den Kopf, aber Gott duldete keine Ausreden.

„Hoffentlich ist da nichts passiert", sagte Gott. „Wir machen uns sofort auf den Weg."

„Aber …", wollte ich einwenden, aber da hatte selbst ich schon bemerkt, was wirklich wichtig war. Ich verstummte und schloss mich den anderen an.

Wir wollten alle Orte abfahren, an denen sich Bärbel gerne aufhielt, wir wussten nur nicht, wo das war. Wir waren erschrocken, wie wenig wir über sie wussten.

„Wo kann sie denn sein?", fragte Gott.

Ekki schüttelte den Kopf. „Sie ist am liebsten überall und nirgends", sagte er.

„Geht es vielleicht konkreter?", maulte ich.

„Wir fuhren immer mit dem Nightliner rum und hielten an Orten, die ihr spontan gefielen", sagte Ekki schluchzend und zuckte mit den Schultern.

Wir fuhren also herum. Der Platz im Führerhaus war so geräumig, dass wir alle drei nebeneinandersitzen konnten. Es war warm, und wir hatten beide Fenster geöffnet. Gott saß in der Mitte und spielte mit dem Zigarettenanzünder. So suchten wir alles ab, wo wir sie vermuteten. Wir fuhren im Schritttempo zum Domplatz, aber sahen sie weder in den Cafés, noch bummelte sie über den Marktplatz. Ein Hund sprang an einem Mülleimer hoch und wurde mit einem lauten „Hallo" von seinem Herrchen zur Räson gebracht. Ein kleiner Mann trug ein Tablett mit fünf Bieren, und jeder dachte, dass er gleich stolpern würde. Bärbel aber war nirgends zu sehen.

„Wir geben nicht auf", sagte Gott.

„Vielleicht ist sie am Lippesee", sagte Ekki. „Sie liegt dort gerne in der Sonne und hält die Füße ins Wasser."

Das war eine Rückzugmöglichkeit, an die wir noch gar nicht gedacht hatten. Wir fuhren zum Lippesee und hielten unterwegs überall, wo sich Menschen versammelt hatten. In Schloß Neuhaus war Flohmarkt, aber auch dort war sie nicht zu treffen.

„Sie sammelt doch so Zeug, womit Katzen spielen können", erinnerte sich Ekki und kaufte einen hässlichen Wollball.

„Unser Ekki ist eine gute Seele", flüsterte Gott und klatschte in die Hände.

Vielleicht war sie wirklich am Lippesee. Der Lippesee ist ein Naherholungsgebiet, in dem es vielfältige Wassersport- und Freizeitmöglichkeiten zu nutzen gibt. Am Nordufer gibt es einen Kiosk und davor einen Badestrand. Dort konnte sie sein. Ekki und Bärbel waren dort manchmal des Nachts, um verbotenerweise zu grillen.

Wir fuhren also über die B 64, die nach Delbrück führt, zum Lippesee nach Sande. Direkt an der Abzweigung zum See war am Straßenrand ein Tulpenfeld, wo man sich selbst Sträuße zusammenstellen konnte.

„Soll ich ihr einen Strauß Tulpen pflücken?", fragte Ekki.

Ich schüttelte den Kopf. „Übertreib es nicht", sagte ich. „Dich trifft keine Schuld."

Wir fuhren weiter. Hinter dem Blumenfeld war eine Wiese, auf der eine Frau ihre Wäsche aufhängte. Gott war ganz fasziniert über die Ordnung, die sie dabei einhielt. Rechts hingen die ganz großen Wäscheteile, wie Oberbettbezüge und Laken, die dann von immer kleineren Wäschestücken abgelöst wurden, bis ganz links der Wind nur noch mit Strümpfen und Taschentüchern spielte.

„Die Frau sollte die nächste Welt gestalten", sagte Gott. „Sie kann instinktiv auf eine Ordnung zurückgreifen, die alle beruhigt."

Wir gingen um den ganzen Lippesee herum, sahen aber kein Lebenszeichen von Bärbel. Wir fragten sogar einige Hundebesitzer, die Ekki von gemeinsamen Grillabenden kannte, aber niemand hatte Bärbel gesehen.

„Wir müssen methodisch vorgehen“, sagte ich. „Wen kennt Bärbel, und wo würde sie hingehen, wenn sie Sorgen hat?“

Ekki schnaufte. Er war nicht gut zu Fuß. Wir hatten den Nightliner auf einem Parkplatz stehen lassen müssen, da die meisten Wege um den Lippesee nur für Fußgänger, Jogger und Fahrradfahrer erlaubt waren.

„Ingrid“, sagte Gott plötzlich.

Wir waren wieder bei Ekkis Transporter angekommen und nahmen auf unseren Sitzen Platz.

„Was ist mit Ingrid?“, fragte ich sofort.

Ingrid und ich sahen uns jetzt jeden Tag. Ich konnte mir gar nicht mehr vorstellen, warum wir uns vorher nicht getroffen hatten. So war es besser.

„Gott hat recht“, sagte Ekki. „Bärbel hat einen guten Draht zu Ingrid.“

Ich dachte nach. Es stimmte. Immer wenn mich Ingrid besuchen kam, saßen die beiden in der Küche und unterhielten sich. Ich war sogar ein wenig eifersüchtig auf ihr gutes Verhältnis. So erfuhr ich erst durch Bärbel, dass Ingrid keinen weißen Spargel mochte, Kontaktlinsen trug und jeden Sonntag ihre Mutter anrief. Sie hatte alles an einem Nachmittag erzählt bekommen, wofür ich wahrscheinlich drei Jahre gebraucht hätte. Was hatten wir also schon zu verlieren? Wir fuhren zu Ingrid, die im Riemekeviertel eine kleine Wohnung hatte. Dort wollten wir nach Bärbel fragen und vielleicht Gewissheit über ihren Verbleib bekommen. Als wir vor Ingrids Haustür standen, waren wir trotzdem überrascht, dass uns Bärbel öffnete. Sie hatte die Haare gefärbt und war nun blond. Erst als sie uns mit einem hämischen: „Was macht ihr denn hier?“ begrüßte, wussten wir, dass es ihr gut ging.

„Wir haben uns Sorgen gemacht", sagte Gott.

Ekki und ich nickten. Ingrid kam gerade aus der Dusche und trug einen Bademantel mit einer Kapuze, die ihre nassen Haare schützte.

„Sieh an, sieh an", lästerte sie. „Die drei Musketiere."

„Ich mag den nicht", sagte Bärbel und zeigte auf Gott.

Es ging ihr also gut. Auch wenn sie es nicht zeigte, war sie gerührt, dass wir drei uns um sie gesorgt hatten. Noch mehr freute sie sich, als Ekki ihr den Wollball für die Katzen schenkte.

„Ich wusste nicht mehr, wo ich hingehörte", sagte sie später zu mir. „Ingrid hat mir eine Rückzugsmöglichkeit angeboten und hörte mir einfach zu."

Ich war sprachlos und schüttelte den Kopf.

„Du hast ein Zuhause", flüsterte ich schließlich, bereuen konnte ich das immer noch. Wir fuhren also zu mir, also zu uns nach Hause. Ich hatte das Gefühl, nicht mehr allein zu sein, auch weil wir alle kaum Platz in der unaufgeräumten Küche hatten. Bärbel hat dann den Kratzbaum aus der Wohnung geschmissen, und das verstand ich als großes Entgegenkommen. Wahres Glück entsteht nicht durch das Unglück anderer. Glück ist ein Geschenk, dass man verdient hat. Man sollte dabei mit dem Auspacken nicht zu lange warten.

26

Am Bahnhof

Wir brachten Gott zum Bahnhof. Es war ein trüber Herbsttag, der nach Regen aussah. Er kam dann schließlich so spärlich, dass es sich nicht lohnte, unseren Schirm aufzuspannen. Wir waren alle unendlich traurig, obwohl wir gewusst hatten, dass dieser Tag kommen würde. Bärbel hatte für Gott Muffins gemacht. Das war so ungewohnt freundlich, dass ich Sorge hatte, sie könne in den Teig irgendwelche bewusstseinsverändernden Drogen gemischt haben. Sie lachte aber nur und sagte: „Eh, Jungs, jetzt tut nicht so, als sei ich ein Monster." Ekki bewegte den Mund zu einem „doch", sprach es aber nicht aus. Gott hatte seinen Rucksack gepackt und saß abfahrbereit im Wagen. Ekki hatte extra seinen Nightliner aufgeräumt, aber heute fiel das niemandem auf. Wir fuhren schweigend durch die Stadt. Ingrid versuchte mehrmals, ein Gespräch zu beginnen, aber keiner stieg drauf ein.

„Ich habe heute neue Mails abrufen wollen, aber da war nichts gekommen", sagte sie hilflos.

Wir waren bedrückt. Ekki spritzte mit der Scheibenwischanlage Reinigungsmittel gegen die Windschutzscheibe, aber erreichte damit eher das

Gegenteil. Für einen kurzen Augenblick roch es wie in einer Apotheke, und beinahe wären wir bei Rot über die Ampel gesaust.

„Pass doch auf", rief Bärbel.

„Schrei nicht so", brummte Ekki, „oder ist dir deine neue Matratze zu Kopf gestiegen?"

Gott hatte seine Matratze Bärbel geschenkt, die sie gleich in ihr Zimmer geschoben hatte, anstatt sie bei Ebay zum Kauf anzubieten. Gottes Matratze wäre bestimmt ein Vermögen wert gewesen. Als wir beim Bahnhof ankamen, sahen wir schon die Zwillinge aus der Gesprächsgruppe am Taxistand stehen. Lorenz und Edgar hatten Herrn Huber mitgebracht, der sich extra in der Bank freigenommen hatte. Edgar ging es besser, aber er trug immer noch einen Kopfverband. Wir fanden keinen Parkplatz, und Ekki musste zum Kulturzentrum fahren, wo man um diese Zeit immer kostenlos parken konnte.

„Wir müssen uns ein wenig beeilen", sagte ich, „sonst verpasst Gott seinen Zug."

„Ich habe Zeit", sagte Gott und streckte allen stolz seine Uhr entgegen.

Wir stiegen aus Ekkis Transporter und duckten uns ein wenig unter der Last des grauen Himmels.

„Sag mal", fragte Bärbel, „hast du etwa den Nightliner aufgeräumt?"

„Ja", sagte Ekki stolz.

„Deswegen findet man hier nichts wieder", murmelte sie.

Wir gingen los. Ingrid hatte sich bei mir untergehakt, deshalb konnte ich nicht Gottes Hand nehmen. Natürlich wäre das albern gewesen, aber das hätte mir nichts ausgemacht. Edgar, Lorenz und Herr Huber liefen uns entgegen und winkten.

„Wo bleibt ihr denn?", riefen sie. „Die anderen stehen schon am Bahnsteig."

„Welche anderen?", fragte Gott.

Wir eilten durch die Bahnhofshalle. Die Uhr, die keine Zeiger hatte, hing immer noch über der Treppe, die zu den Gleisen führte. Gott wollte den Zug nach Hamm erreichen. „Egal, wo man hinwill", sagte Gott, „zuerst muss man nach Hamm." Wir liefen zum Gleis 4, obwohl wir noch Zeit hatten, beeilten wir uns. Herr Huber hatte mit dem Beeilen angefangen, wir liefen hinterher. Wir hörten schon, als wir die Treppenstufen hinaufliefen, Musik. Oben stand aufgereiht das Sanitär- und Heizungstechnik-Orchester Schomberg und spielte auf Blasinstrumenten, die aus den unterschiedlichsten Sanitärschläuchen gebastelt worden waren. Ekki hatte die Idee gehabt, die Belegschaft des Unternehmens anzusprechen, ob sie nicht das Orchester, welches sich ursprünglich mal für eine Karnevalssitzung zusammengefunden hatte, noch einmal für Gottes Abschiedsfeier reaktivieren könnten. Hier standen sie nun am Gleis 4 und bliesen auf ihren PVC-Ablaufschläuchen, erzeugten Töne mit Spiralschläuchen, die sie durch die Luft rotieren ließen, und trommelten mit ausziehbaren Edelstahlwellrohren auf Membran-Druckausdehnungsgefäßen, dass es eine Freude war. Sogar Herr Huber schnappte sich ein SML-Rohr und blies darauf mit vollen Backen. Gott war gerührt. Udo und Ingrid waren auch gekommen, und sogar der kleine Winni, der immer im Weg stand, wartete am Gleis 4 und stand im Weg. Der Zug nach Hamm hatte schon seine Türen geöffnet. Gott stieg ein und blieb im Durchgang zu dem Abteil stehen. „Ich traf mal eine Bäckersfrau, die in ihrer kleinen Konditorei Schokoladenplätzchen anbot, die sowohl als rundes Teilchen als auch als viereckiges Teilchen zu haben waren“, sagte Gott. „Es waren die gleichen Plätzchen, nur die Formen waren anders. Ich fragte also die Bäckersfrau, warum es das gleiche Gebäck sowohl als Scheibe als auch als Viereck geben würde. Sie schaute mich nur überrascht an und sagte, ohne zu zögern: ‚Unsere Kunden sind sehr anspruchsvoll. Die einen mögen das Plätzchen lieber rund, und die anderen haben es gerne viereckig.‘ Da wusste ich Bescheid und ging klug und bescheiden meiner Wege.“

„Was willst du uns denn damit sagen?“, fragte ich.

Gott überlegte kurz und klatschte in die Hände. „Das weiß ich gerade auch nicht. Ich bin wohl schon zu lange hier.“

Ich seufzte. Gott fehlte mir schon jetzt. Wie sollte es ohne ihn weitergehen?

Ingrid sagte: „Anselm Grün sagt immer: ‚Sei bei Regen Sonne, dann gibt es einen Regenbogen.‘

„Das ist doch nicht von Anselm Grün?“, sagte ich zweifelnd.

Ingrid lachte. „Das ist natürlich nicht von Anselm Grün. Ich mache nur Spaß.“

Da wusste ich, es würde weitergehen. Wir hatten Ingrid und Anselm Grün und all die anderen, mit denen man nach einem Sinn suchen konnte. Gott ging in das Abteil und stellte seinen Rucksack ab, dann verließ er noch mal den Zug, betrat den Bahnsteig und umarmte uns.

Bärbel flüsterte Gott zu: „Du weißt, was ich dir sagen will, oder?“

Gott nickte: „Du magst mich nicht?“

Bärbel nickte und weinte, weil sie so traurig war.

Gott stand vor mir und sagte: „Das ist ja wie in einem Bilderbuch.“

„Wenn es gut läuft, ist alles hier wie in einem Bilderbuch“, sagte ich.

Der Bahnhofslautsprecher über dem Gleis 4 verkündete die Abfahrt des Zuges nach Hamm. Gott musste sich beeilen, gleich würden sich alle Zugtüren schließen. Ekki weinte auch.

„Wieso weinst du denn?“, fragte Bärbel.

Ekki zog die Nase hoch.

„Ich bin nur froh, dass ich jetzt nicht nach Hamm muss.“

Gott umarmte mich noch einmal.

„Wir bleiben in Kontakt“, flüsterte Gott und stieg in den Zug.

„Darauf kannst du dich verlassen.“

Ich sah, dass Gott mir noch was sagen wollte, aber die Türen schlossen sich laut und automatisch. Der Zug fuhr an. Wir winkten alle und sahen Gott zu, wie er versuchte, sein Fenster zu öffnen. In einer Tasche fand ich die Mundharmonika wieder, die ich mal Gott geschenkt hatte. Ich spielte ein Lied darauf. Wir gingen dabei zu Ekkis Auto, das wieder so unaufgeräumt aussah wie vor der Fahrt. So hatte alles seine Ordnung.

Gott ist auf die Welt gekommen
uns mal zu besuchen
in der Zeit wird sich benommen
keinen hör ich fluchen

Er trifft sich mit Führungskräften
und den Machtinhabern
fragt sie aus nach den Geschäften
und erträgt ihr Labern

Gott will sich auch überzeugen
ob wir wachsam bleiben

nicht das Knie vor Falschen beugen
und nichts übertreiben

Morgen muss er weiterreisen
und Bericht abgeben
darum gibt ihm heut zu speisen
Glück auf allen Wegen

27

Die Abwesenheit

Ein Mann erhob sich vor den Gelehrten und hielt abschließend fest: „Ich habe plötzlich zu mir ein distanziertes Verhältnis. Fehlt mir Gott? Ich nehme mich manchmal wochenlang nicht wahr, als schöbe sich ein Fremder durch den Raum und seufzte. Ich mag mich dann nicht besonders. Kann man sich selbst aus dem Weg gehen? Ich gebe mir selbst das Gefühl nicht zurück, das ich von anderen empfangen habe. Was wäre ich ohne die Liebe? Gestern war ich mir untreu. Ich tat etwas, das ich selbst nicht gut fand. Obwohl ich von anderen dafür gelobt wurde, ahnte ich, dass mir etwas genommen wurde. Ich war von mir so enttäuscht, dass ich vier Tafeln Schokolade aß, um mich danach nur noch schlechter zu fühlen. Ich schüttele manchmal den Kopf, wenn der Schaffner durch das Abteil geht und fragt: ‚Hier noch jemand zugestiegen?', bis mir wieder einfällt, dass ich natürlich gerade erst zugestiegen war. Gehöre ich auf die Erde? Soll ich nicken, wenn die Wurstverkäuferin fragt: ‚Wer ist der Nächste'? Einer muss immer nicken. Einer muss den Überblick behalten, damit man weiß, wer nun an die Reihe kommt. Ich kann nur so schlecht ‚Nein' sagen. Wenn man nur sich als Freund hat, dann ist man zufrieden, wenn man jemanden hat, um den man sich kümmern kann. Ich bin mir ja selbst nicht dankbar, nur weil ich mal gesund lebe. Wenn ein anderer mich nicht für wertvoll hält, dann erlebe ich meine Einsamkeit als vertane Zeit. Ich halte zu mir Abstand. Ich habe mich mal umarmt, das war mir sehr peinlich, zumal ich merkte, wie gut das mir tat. Mein Psychiater sagt mir oft, ich müsste mehr Kontakt zu mir halten. Alte Verbindungen wieder auffrischen. Ich mochte mich mal, als ich Kind war. Ich konnte so schelmisch um die Ecke gucken, da haben die Erwachsenen immer gelacht. Ansonsten habe ich keine Erinnerungen an mich. Meine Mutter sagte mal, ich hätte immer bei ihr im Bett liegen wollen. Kann das sein? Mütter erzählen immer solche Dinge, an die man sich selbst nicht mehr erinnern kann. Manche Geheimnisse, die in aller Unschuld geschahen, sollten nicht ans Licht gezerrt werden. Warum liebt mich keiner? Heute ging ich nach draußen und wunderte mich, wie schön die Welt war. Kinder spielten auf dem Bürgersteig und malten mit Kreide Herzen. Ein Mädchen sang: ‚Und allen Menschen wurde klar, Gottes Welt ist wunderbar.' Ich musste mich nur fallen lassen. Ich musste nur meinen Platz finden und mich unterordnen, dann würde ich meinen Frieden finden. Ich sang so laut mit ‚Und allen Menschen wurde klar, Gottes Welt ist wunderbar.' , dass die Kinder verstummten und wegliefen."